管理4.0

构建生命型企业实战指南

熊向清 著

机械工业出版社
CHINA MACHINE PRESS

本书的写作目的是给企业管理者，尤其是企业领导人提供大转型时代所需要的企业管理变革创新、优化升级的解决方案。本书在分析中国企业管理主要矛盾以及中国企业管理从 1.0 到 4.0 的发展趋势的基础上，把重点放在两个方面：一是"虚"的部分，也就是生命型企业的原理，即生命之道，主要揭示了生命型企业的本质、规律，希望为读者呈现管理 4.0，即生命型管理和生命型组织的理论思维模型，帮助读者升级管理认知；二是"实"的部分，即生命型企业建设的实践，也就是生命之道的实践落地，提出了一系列相应的行动举措，希望能给管理者提供一个构建生命型企业的实战行动模型。

图书在版编目（CIP）数据

管理 4.0：构建生命型企业实战指南/熊向清著.
—北京：机械工业出版社，2019.9
ISBN 978-7-111-63426-3

Ⅰ.①管… Ⅱ.①熊… Ⅲ.①企业管理-中国-指南
Ⅳ.①F279.23-62

中国版本图书馆 CIP 数据核字（2019）第 173639 号

机械工业出版社（北京市百万庄大街 22 号　邮政编码 100037）
策划编辑：坚喜斌　　　责任编辑：刘林澍
责任校对：赵　燕　　　版式设计：张文贵
责任印制：孙　炜
北京联兴盛业印刷股份有限公司
2019 年 8 月第 1 版·第 1 次印刷
145mm×210mm·6.625 印张·3 插页·115 千字
标准书号：ISBN 978-7-111-63426-3
定价：59.00 元

电话服务　　　　　　　　网络服务
客服电话：010-88361066　　机　工　官　网：www.cmpbook.com
　　　　　010-88379833　　机　工　官　博：weibo.com/cmp1952
　　　　　010-68326294　　金　书　网：www.golden-book.com
封底无防伪标均为盗版　　机工教育服务网：www.cmpedu.com

推荐序一
让企业获得新生命

我与熊向清先生是在一次主题为"助力企业发展，彰显企业价值——《商业觉醒》公益大讲堂"的活动上认识的。在这个活动的间隙，熊先生把他的一本《走向管理4.0：必须的革命》馈赠给我，说该书里面有介绍德胜管理体系的内容。他同时还告诉我，他的《管理4.0：构建生命型企业实战指南》即将出版，想约我写个序。

我原则上答应了他的要求，但提出要读完书稿以后再做决定。

熊先生很快就把书稿给我了。读完初稿后的第一感觉是，此书稿有极富新意的观点，把物理学的某些重要理论和企业伦理、社会生态相结合，都纳入了新型企业管理应用的范畴。

在大阪G20峰会结束的当天，按照计划，我开始了本书序言的撰写。

熊向清在《管理4.0：构建生命型企业实战指南》里谈到熵增这个物理学概念。他从这个概念出发，对社会的进步、企业管理在社会的影响下主动或被动的改变进行了深入的探讨，并针对一些方面做出了预言式的结论。

熊向清也提出了"熵减"的概念，这在物理学上是很难做到的，但企业管理层面必须力求实现，这就给管理者提出了新的课题和要求。

熵增是一个封闭系统无法回避的趋势，孤立的系统从有序到无序，在物理学上是必然的，完全不能避免。

提起熵增理论，我们又不由得想起比利时物理化学家普利高津提出的"耗散结构理论"，普利高津凭借该理论获得了1977年诺贝尔化学奖。

耗散结构理论告诉人们，体系与环境必须要有能量交换，才能形成一种最稳定的"动态平衡"。虽然从表面上看，体系是体系，环境是环境，但体系与环境之间的能量交换不能停止。

后来，人们把耗散结构理论用在国际关系处理、国家体制设计、企业管理改善等领域，都取得了丰硕的成果。

在《管理4.0：构建生命型企业实战指南》里，熊向清应用了普利高津的耗散结构理论，开创性地提出企业运营务必力争"熵减"的观点，他告诉企业管理者，熵增的原理是无法违背的，只有通过顺势而为的管理方法，通

推荐序一
让企业获得新生命

过企业文化的新建或重建，依靠体系和环境的能量交换力争熵减，实现健康的动态平衡，才能实现基业长青。

我理解熊向清提出的"熵减"，就是用新思维、新价值观、新方法，力求使得熵增慢点，再慢点……争取实现"熵不增"，甚至"熵减"——要做到这些，首先要避免制度设计等人为失误造成的"加速熵增"；其次是全方位的管理提升，争取实现管理后的熵减效果——这可能就是熊向清撰写《管理4.0：构建生命型企业实战指南》的最主要的愿望和独一无二的价值。

当我们把一个人看成体系，那么，班组、企业就是环境；如果把企业看成体系，企业所在的市、省、国家、整个社会就是环境。

如果把个人的薪酬标准、福利待遇、受尊重的程度……看成是与企业、社会的能量交换，这种能量交换如果受到了破坏，比如不能准时领到足额的工资、经常需要加班，或者个人不自律、酗酒、赌博、不遵守规章制度……那么这个人的体系就会面临熵增，企业的员工就出现了问题，企业里的最小体系就出了问题。

当我们把企业运营的客观条件，如税赋缴纳、遵守政府机关的各种规定等看成是企业与政府和社会的能量交换，如果这种能量交换受到破坏，如税收太高、政府经常干扰企业经营……那么企业这个体系就要面临熵增——要么倒闭，要么搬到新的环境里。

产业升级、工厂迁移、关税调整……都是经济能量的交换，由此可见熊向清的《管理4.0：构建生命型企业实战指南》的出版意义多么重要。

最令人欣喜的是，熊向清抓住了新时代管理的本质，那就是对抗无处不在的熵增。无论你在迷局之中还是在迷局之外，所有的一切，无非都是体系和环境的关系，如果不做好能量的交换，不能力争做到动态平衡，减慢熵增，哪怕今天再辉煌，都将是一时的精彩，无法基业长青。

熊向清在新著《管理4.0：构建生命型企业实战指南》里对企业管理的升级进行的剖析是独特和深入的，从现状到设想，从设想到展望；从诊断到思考，从思考到解决问题……都做了详尽的论述。作者力求让企业的生命通过各种管理得到改造，从机械生命过渡到有血有肉的自然生命，且焕发出勃勃生机。

序言里说得再多，都无法代替著作本身的详尽与深入。希望读者们读完《管理4.0：构建生命型企业实战指南》后，有自己独到且全新的收获。

聂圣哲

（作者为同济大学教授，博士生导师）
2019年6月29日深夜于姑苏城外改华堂

推荐序二
新的时代呼唤新的管理

中国改革开放40多年来,政治、经济、文化、科技和军事等领域快速稳健发展,取得了人民满意的成就。这些成就有目共睹,引起了世界广泛的关注。

2014年10月13、14日昆明"亚洲学习型组织联盟"成立大会上,我们把美国的世界管理大师彼得·圣吉和英国量子管理理论创始人丹娜·左哈尔请来,向两位大师面对面地学习发达国家创立、传播的现代管理理论。会议期间,在一天晚上喝茶的时候,曾获得马来西亚总统奖的马来西亚著名学者普里姆·库玛语重心长地提醒我:"中国人该发出声音了!"他告诉我,世界人民很想了解和学习中国的成功经验。对此,我内心很有触动,便将这件事及时告诉了本书作者熊向清博士。

后来我又见到了李凯城同志，他曾在中国人民解放军总参谋部工作多年，现在也在研究和传播管理理论。他也和我讲："中国的管理学家该登场了。"

以上的声音，的确发人深思！

1999年11月出版的《中外管理导报增刊：世界管理100年》介绍了100年来对人类影响较大的35种管理理论，其中却没有一种是由中国人提出的，可能是当年中国经济发展水平相对还比较落后的缘故。

今天的中国人应该认真总结自己成功与失败的经验，认清中国乃至世界的发展之道，总结出具有自身特色的、具有时代意义的管理理论。中国自己需要，世界也需要。

新时代呼唤中国理论！

在2016年哲学社会科学工作座谈会上，习近平同志告诫我们："我国是哲学社会科学大国，研究队伍、论文数量、政府投入等在世界上都是排在前面的，但目前在学术命题、学术思想、学术观点、学术标准、学术话语上的能力和水平同我国综合国力和国际地位还不太相称。"

2017年5月17日，习近平同志在给中国社会科学院建院40周年的贺信中提出，要"以研究我国改革发展稳定重大理论和实践问题为主攻方向，立时代潮头，通古今变化，发思想先声，繁荣中国学术，发展中国理论，传播中国思想，努力为发展21世纪马克思主义、当代中国马

推荐序二
新的时代呼唤新的管理

克思主义,构建中国特色哲学社会科学学科体系、学术体系、话语体系,增强我国哲学社会科学国际影响力做出新的更大的贡献"。

有位学者给我讲了一件事,我至今记忆犹新:

20世纪80年代初,日本经济腾飞,以丰田、松下为代表的一大批日本企业异军突起,业绩显著,成为全球管理学者关注的对象。遗憾的是,日本管理学界无所作为,以致连《日本的管理艺术》《丰田模式——精益制造的14项管理原则》等书,也出自美国学者笔下。

难道中国的管理理论也等着美国人来写吗?

我最近学习了熊向清所著,于2017年出版的《走向管理4.0:必须的革命——趋势、逻辑、路径与方法》,他从酝酿到写作完成历时5年;今天又高兴地看到他又一部新作《管理4.0:构建生命型企业实战指南》面世。

作者熊向清,不仅是世界500强企业教育培训系统的优秀高层管理者,也是热爱学习、紧跟时代、自觉"天下兴亡,匹夫有责"的有担当的学者。他开放心灵,认真学习西方先进的管理理论,但不是简单的"拿来主义";他博览经典名著,但不搞"恋旧复古"。我们从他的这部新作中,又一次看到他认真研究古今中外众多管理案例与理论,潜心探索管理真谛的不懈努力。他一直充分利用世界500强企业高管岗位的实践机会,结合自己长期学习研究的成果，系统地构建了"生命型管理"的基本原理与实操模式。

本书引经据典、纵横捭阖，却没有半点生搬硬套，而是融合东西方智慧，根据自己多年研究和积累，创造了自己的一整套"生命型组织"管理理论与模型、路径和方法，为中国企业管理的优化升级，乃至涅槃重生提供了一个极具指导性意义和参考价值的解决方案。

中国、中国的企业和中国的管理，从来没有像今天这样需要管理理论和管理实践的创新和超越，因此也更需要勇于创新并善于创新的管理学者和实践人才！

张声雄

国家教育咨询委员会专家组专家

中国教育发展战略学会常务理事

上海明德学习型组织研究所所长

推荐序三
企业基业长青的生命密码

我们正在快步走入一个"确定性"与"不确定性"并存的时代。

早在几十年前,管理大师彼得·德鲁克就认为,人类社会进入到知识经济时代,世界的不确定性成为一种常态。随着技术的指数级发展,许多以前见所未见的新生事物不断产生,产品的更新换代速度越来越快,人们的生活方式发生了根本性的变化。消费者对企业产品的需求与期望日益增长、千差万别。在复杂多样的生存环境里,企业越来越难以摸透各方纷繁纠缠的关系,难以适应技术与管理方式的更迭,难以掌握客户多变的心理。而企业仅凭惯性一路走来的"成功模式"已然行不通,所有"经验"都面临着前所未有的挑战。在这种"不确定性"下,越来越多的企业选择"转型"。然而,企业该往哪个方向转？哪些该转哪些不该转？转了之后又该如何持续成长？这些对于打算"先转了再说"的企业而言，恐怕都还是个未知数。

与此同时，在这个充满"不确定性"的时代里，却有一些东西变得越来越"确定"，比如技术革命与智能化趋势。互联网、云计算、大数据使整个世界变得越来越有迹可循，这使企业对消费者特征和市场需求的把握更加精准可控。仔细观察，在"不确定性"的大潮中，总能发现一些相对稳定的东西，使企业能够昂首挺胸地拥抱变化，拥抱"不确定性"的来临，在一次次的变革中立于市场的不败之地。所谓"失败的企业各有失败的道理，成功的企业则大致相同"，就是这个道理。

美国学者吉姆·柯林斯和杰里·波勒斯曾对18家长期卓越的公司进行了长达6年的研究，最终写出著名的管理学著作《基业长青》。此书中提到，基业长青的公司的管理者都是非常好的"造钟人"，而非"报时人"。这在眼下也依然适用——面对确定与不确定并存的复杂时代，与其把自己打造成一个无所不能的企业家，不如修缮制度，培养人才，找到最适合企业的组织模式，才是企业"以不变应万变"、走向持续辉煌的不二法门。

本书就试图探索这样的组织模式：作者熊向清称其为"生命型组织"。这一概念来自管理大师阿里·德赫斯的

推荐序三
企业基业长青的生命密码

著作《长寿公司》，作者正是在这一概念的基础上进行更为深入的研究，对"生命型企业"和"生命型管理"进行了更为丰富的阐述。作者认为，所谓"生命型管理"就是把企业当作一个"生命系统"来看待，按照生命系统运行和发展的规律来管理企业，以实现企业生命系统的良性发展。

书中，作者从"资源""价值"和"转换"三个层面分别详细描述了"生命型组织"所具备的特征，在此我摘取印象最为深刻的几点做简单介绍。

（一）生命型企业是价值观驱动的组织。书中认为，企业不仅仅是获取利润的工具，还应当有更高远的追求。有更高追求的公司，往往在绩效上表现得更为卓越和可持续，这就是人们常说的共同愿景和价值观。"生命型企业"可以视作一个相同价值观约束下的利益共同体，在这个共同体中，人与人有着同样的生命"源代码"。无论时代怎样改变，这一共同的内核永远不变，能够加持企业中所有人向着同一目标努力前行，使企业实现不断的自我超越和组织的"灵性"成长。

（二）生命型企业是万物互联的组织。作者认为，量子时代万物一体，企业的生死存亡、兴旺衰落更是各种联系因缘和合的产物。小到公司的股东、员工、客户供应商，大到整个社区、社会、国家乃至宇宙万物，都不能相互割裂，而是企业宏大的生态圈中的一部分。积极去发现和主动构建联系，也就是让管理者、员工和客户之间产生良性互动，让企业与外部群体和自然环境和谐相处，才能获取更多更好的社会资源，不断打造适合企业生存发展、良性循环的生态系统。

（三）生命型企业是共创共享的组织。书中从自然界的"共生"现象谈及人类之间的"分享"，特别强调企业的利益共享与价值共创。对组织内部，企业向全员分享利益成果、知识信息和价值观，有利于提高每个个体的工作效能，使组织整体价值增值最大化，华为公司的股权激励就是一个非常好的例子；对组织外部，企业将自己生产的产品、获取的资源和创造的价值拿出一部分来与利益相关者和社会分享，从而赢得更多的信任与合作，在合作的基础上共创更多更持久的资源和价值。

（四）生命型企业是不断进化的组织。自然界有"物竞天择，适者生存"的进化机制，不确定环境下的企业，也只有不断调整自身状态，才能不断适应外部变化的环境。生命型企业要依靠什么来保持生命的活力？靠全员艰苦奋斗，以抵制企业内部持续熵增、最终熵死的自然规律；靠克服惰性激发激情，主动改变对过去产品、发展模式和经营管理信条的依赖；靠时刻关注市场变化，积极与外部合作或内部创新来引入负熵，以维持一种稳定的"非平衡态"。因此作者认为，打造一支价值观相同，又能以客户为中心，还能持续奋斗、保持激情和活力的队伍，是面对未

推荐序三
企业基业长青的生命密码

来不确定性时代的重要管理举措。

除了以上几点,本书还从管理升级、六大资本、场理论等角度分别论述了生命型企业的特点,并在最后给出如何打造生命型组织的行动指南。可以说,这是一部理论与实战并重的著作。唯愿此书能为不确定环境下准备转型的企业提供指导,为渴望基业长青的公司提供有力的方法论支持!

彭剑锋

中国人民大学博士生导师

自 序
破局与超越

　　局，指事物发展的局面、情形、形势、形态。局，有大局和小局之分。事实上，整个宇宙、整个世界就是一个特别大的局，其中又有着无数大大小小的局；任何事物，乃至任何一个人、一个组织，都是一个局。局，本质是局内的因素与局外的因素彼此互动而形成的状况和情形；而局所处的环境，也就是更大的那个局，始终处在发展和变化之中，这就要求处于其中的更小的局做出相应的改变和调整。否则，所谓的局的面貌和生命就难以维持。因此，这个世界上大大小小的局，实际上都处于变动不居、成住坏空的生灭转换过程之中，物理学家将这些"局"称为动态能量模型，整个宇宙是由无数个规模大小不同、能量级别不同的动态能量模型构成的。

自 序
破局与超越

人，作为一个生命系统，就是一个典型的动态能量模型，组织也是。一个生命系统就是一个能量系统。按照"熵"理论，一个系统的自然过程就是由于"熵增"导致系统从有序渐渐变得无序，最后走向"死寂"的过程，而有着高级意识的人类及人类组织肯定不甘于走向"死寂"，而是期望生命长青。为此，就必须用"熵减"对抗"熵增"，即用积极、有效、鲜活、有序的"正能量"，来对抗、消除、排解、削弱、覆盖那些给生命系统带来混乱、无序的"负能量"。因此，生命管理本质上是能量管理，或者说是"熵"管理，企业管理亦如是。企业管理中的每一个措施、行为，乃至言论、意念，要么是"正能量"，要么是"负能量"，要么带来"熵减"，要么带来"熵增"。前者表现为企业组织的使命、愿景、价值观、知识、理念、制度、流程、方法、技术、行为能力的改良改进，健全完善，以至转型升级，蜕变重生，进而与大局相谐，与时代合拍，使企业健康、良性发展；后者表现为因循守旧、僵化、封闭，带来的问题和后果是组织环境和价值创造系统中越来越多的要素，乃至整个系统结构的陈旧、无序、老化，以及功能衰减、丧失，甚至系统的崩溃、消亡。

综上所述，企业管理的真谛在于：通过管理措施的运用，使得企业组织作为一个能量模型或能量系统保持一种与时俱进的状态和势头。与时俱进，时者，势也。所谓"识时务者为俊杰"，这里的时务是大时务，是明大道，取大势基础上的经营管理的优术和作为。这就需要我们审时度势，把握大局，同时要洞察客户需求，并全心全意、不折不扣地以客户价值创造为导向，在这种导向之下不失时机，甚至先声夺人地从思想观念、制度流程、组织架构、资源配置、产品研发等价值链的各个环节和要素，并从战略、策略、软件、硬件等有形或无形的各个维度加以因应，做出应对，唯其如此，才能既抓住机遇，又应对挑战，才能与时代共舞，与趋势偕行。这样的组织具有足够的生命柔性，像水一般，总是能够与大"势"相呼应，与大"局"相契合。这样的管理循道而行，相机而动，因时制宜，因势制宜。拥抱变化是生命的信条，而唯一不变的是"道"与"初心"。

　　人生，就是不断地给自己造"局"的过程：通过自己的言语、行为和心念，与这个世界的人、物、事等方方面面发生各种各样的联系，形成一个联系系统，实际上就是自己的生命空间。这个生命空间就是一个"局"，在这个局里面的各种关系，连接着各种各样的资源，也就是各种各样的因缘，它们会生成各种各样的资源集合，因缘和合，也就生出我们人生现实中的一切。在这个特定的局里面，联系是特定的，因而资源、因缘是特定的，因此能够聚合与和合的因缘也是特定的，那么能发生什么、不发生什么也就是特定的

自 序
破局与超越

了。所谓局限,就是说任何的"局",都是有"限"的,有什么样的"局",就有什么样的"限",也就是时间和空间的限定、限制、边界、非连续性。所以,我们才说:人都活在特定的模式里。换句话说:人都在自己的"局"里活着。"局"不变,人生不会变;而"局"一旦改变,人生由此改变。也就是说:人生若是想要呈现新的局面,新的气象,就必须改变现实;要改变现实,就必须改变因缘,也就是要改变我们所能遇到的资源;要改变因缘,就必须改变联系,也就是与我们发生联系和互动的人和物以及相关的事;要改变联系对象、联系的多少、联系的质量和联系的结构,就必须改变我们用于与人进行互动、建立联系的言语、行为;要改变言语和行为,就必须改变我们的心念及其背后的动机、愿景和价值观。也就是说:我们每一个人都有一个内在的"局",正是这个内在的"局",决定了我们外在的"局",或者说外在的"局"是内在的"局"的延伸和投射。人,是内在和外在两个局的总和,实际上是一个"局",一个有机的系统,一个完整的生命。正因为如此,中国人讲"内圣外王"。内圣的过程就是修造内心的这个"局",准确地说就是动态地维护内在的这个"局",不断地破掉内在的"心中之贼",以造就生命中的"心中之圣",也就是持续地优化和升级我们的"底层操作系统"和"核心算法",并由内而外地延展我们的生命空间,扩大我们的生命格局,丰富我们的生命联系，创造更大的生命价值，成就更多的生命伙伴，实现更高的生命意义，构造"大我人生"。

中国很多企业目前的现实之一，就是企业主、管理者感到企业越做越累，越做越苦，越做越难，甚至越做越死。这其中的确有着客观环境种种因素的影响，而更重要、根本的因素在于企业自身，尤其是企业管理者自身。环境业已大变，而且继续在变，而我们的思维方式、思想方法和心智模式没有变，因此我们的行为模式、套路、打法没有变，我们习惯使用、擅长使用，用起来很舒服的那套工具没有变。如果我们继续使用制造问题的方法来解决面临的问题，是不可能行得通的。唯一行得通的路径就是破局！从我们构造的、当下所处的"局"里面，勇敢地、果断地、毅然决然地走出来！不仅要走出内在的、隐性的"局"，也要走出外在的、显性的"局"。具体怎么走？原理是什么？实践上怎么操作？这些问题正是本书力求系统、全面、深刻、清晰地做出回答的，目的就是从思想、心智的深处引导人们走出误区，在实现认知"越狱"、精神与情感升华的基础上，理解与掌握一套与新的时代、新的形势和环境、新的生存结构相适应的管理方法、套路、策略和工具，从而突破个人生命与企业发展的瓶颈制约，走上个人与组织生命的新的 S 曲线，进入生命系统的良性循环，并不断开创新的局面，绽放生命意义之花。

自 序
破局与超越

　　本书不仅着力构建共生管理与生命型企业的理论体系，而且特别注重实践性和可操作性。在我所指导和受我课程影响而创建的"三型"（学习型、创新型、服务型）组织中，实际上各种表象的背后都是共生管理与生命型组织的原理和逻辑。生命型的内涵，不仅包含学习型、创新型和服务型，还包含了和谐型、幸福型。其中学习是基础，创新是灵魂，服务是导向，和谐是核心，幸福是宗旨。没有有效的学习，就不可能有真正的创新；没有实实在在的创新，就不可能切切实实地解决问题，也就不可能提供有价值的服务；没有有价值的服务，就不可能有真正的和谐；没有人与内在以及外在的和谐局面，人们就不可能获得幸福的生活体验。因此，从逻辑上讲，生命型就是共生型，因为生命的本质是联系，联系决定共生；生命型组织就是"五型"（学习型、创新型、服务型、和谐型、幸福型）组织。在实践中，无论是将它称为"五型"，还是生命型，抑或是称之为"五型"中的某一型，本质上都是一回事，因为原理和逻辑是一致的，而且在实操和运作时，无论从五型中的任何一型切入、展开、发力，其结果都将呈现出"五型"的样态，收获的成效会惊人地相似。当然，前提是必须真学、真懂、真信，然后真用、真做，用心地、系统地、扎扎实实地推进。

　　本书和"管理革命"三部曲中的其他两部作品一样，是我长期思考、观察和研究"中国管理"的心得成果的总结，也是对我长期开发和讲授的管理课程的系统性、学术性、规范性整理。另外两本书，一是《趋势之见：管理大革命》，二是《超越之道：精神的革命——从企业主到企业家的十二个精神台阶》，也将于今年下半年问世。作为一个学习者、实践者，同时也是观察者，我有着推动中国企业管理优化升级、品质全面提升的宏愿，也有着中国管理必须对世界有所贡献的大志，但我深知我个人的努力只是管理文明进步力量中一股小小的溪流、一朵小小的浪花，只不过我愿意汇入洪流，注入大海。

熊向清

目　录

推荐序一　让企业获得新生命
推荐序二　新的时代呼唤新的管理
推荐序三　企业基业长青的生命密码
自序　破局与超越

第1章　对中国企业管理现状的扫描与反思 / 001
　　　　产品是一面透视镜 / 003
　　　　员工状态直接决定产品品质 / 005
　　　　都是管理惹的"祸" / 009
　　　　你的企业将会是怎样的一种命运 / 011
　　　　优良的管理才是企业命运真正的守护神 / 016

第2章　从管理1.0到管理4.0的历史与现实的必然 / 020
　　　　管理1.0：经验型管理 / 021
　　　　管理2.0：科学型管理 / 022
　　　　管理3.0：人本型管理 / 026
　　　　管理4.0：生命型管理 / 030

第3章　生命型组织的基本原理 / 033
　　　　生命的本质是联系 / 034
　　　　生命存在的基本形式是共生 / 041

生命运行的核心机制——资源向着价值转换 / 049

第 4 章　六大资本——生命型组织的核心算法 / 062
　　重新定义企业资源 / 062
　　精神资本 / 065
　　情感资本 / 073
　　知识资本 / 077
　　行为资本 / 080
　　社会资本 / 086
　　思想资本 / 114

第 5 章　客户价值——生命型组织的大厦脊梁 / 117
　　创造价值——生命体存在的理由 / 117
　　价值的哲学思考 / 120
　　客户价值的深层结构 / 121
　　价值为王的时代真的要来了 / 125
　　价值实现的真谛在价值创新 / 125

第 6 章　"场"与"熵"：治理生命型组织的密钥 / 128
　　场理论 / 129
　　事业长青的奥妙——基于"熵"理论的命运解析 / 142

第 7 章 造"场"——生命型管理的方法和艺术 / 150

　　造场的基本方略 / 150

　　资源从何而来 / 151

　　知识资本经营的策略与举措 / 152

　　精神资本经营的策略与举措 / 154

　　情感资本和社会资本经营的策略与举措 / 160

　　行为资本经营的策略与举措 / 164

　　思想资本经营的策略与举措 / 166

　　"五教"并用——管理就是让一切有利于价值创造的能量涌流 / 178

第1章

对中国企业管理现状的扫描与反思

关于中国企业管理的现状、矛盾、问题，我在2017年出版的《走向管理4.0：必须的革命》中有过比较全面、系统的阐释和分析，在这里就不做过多赘述，而重点梳理以下逻辑链条：

——大到中华民族伟大复兴，人民群众拥有美好生活，小到企业生存发展，个人幸福美满，最终都要靠产品，世界之大，唯有产品可以行天下。

——产品，无论好与坏，都不是从天上掉下来的。产品由人制造，什么样的人制造什么样的产品；产品品质就是人的品质；人的品质在哪个层次，产品就在哪个等级。

——人的品质从何而来？人是环境的产物，是人与环境互动的产物。组织环境是管理的结果，什么样的管理造就什么样的员工表现；没有不好的员工，只有不好的管理者；组织与组织之间的较量，归根到底是管理的较量。

——什么样的管理造就什么样的员工，什么样的员工造出什么样的产品。那么，我们到底需要什么样的管理，怎样的管理才能称得上是卓有成效的管理，而这种管理既能够充分激活员工个体，又能够协同组织合力，进而生成我们所期望的员工行为，创造美好的产品和服务，带来企业组织的蓬勃生机与活力，促进企业基业长青，推动社会文明进步。

——我们是在特定历史条件下思考管理的创新与变革的。长期以来，中国经济的粗放型发展方式，以及中国企业的野蛮生长，带来了三大严重后果，即管理水平低下、创新动力不足、心灵雾霾严重；三大严重后果表现为以下主要矛盾，即巨大而迫切的精神、情感和知识需求与中国企业组织所提供的精神、情感和知识产品严重不足之间的矛盾；巨大而迫切的思想需求与不利于思想创造和生成的中国企业组织环境之间的矛盾；巨大而迫切的合作需求与中国企业组织的分享机制的发育严重滞后之间的矛盾。这些矛盾导致的是精神资本、情感资本、知识资本、思想资本和社会资本的高度匮乏。

第1章
对中国企业管理现状的扫描与反思

上述五大资本的匮乏恰恰是中国企业品质的根本问题,是一切问题的根源所在,而管理变革、品质提升、企业破局,以至实现超越、走向未来的切入点和聚焦点、路径和策略都离不开这些矛盾和问题的解决。

产品是一面透视镜

生命型企业是一个宏大的话题,为什么要从产品这样一个小的具体问题开始?

产品的确是一个具体问题,但却不是一个小问题。

试想:企业凭什么活下来?凭什么取得发展?又凭什么蓬蓬勃勃、基业长青?我们会说:凭企业文化、凭人才队伍、凭品牌影响力、凭先进流程、凭科学机制、凭强大的 IT 系统、凭综合实力,等等。这些都相当重要,且不可或缺,然而如若企业拿不出过硬的产品,如若产品没有为客户所接受、认可、欣赏,如若产品仍然不能在总体上成为国人的首选,尤其是成为已经富裕起来的人们的首选,那么,以上所说的还是真实不虚的吗?

说到底,产品就是一面透视镜,它能照出生产者里里外外本来的样子,人们能透过产品看出你是"人"是"妖",能透过产品看到企业内部到底有什么"料",有什么"货",包括文化、精神、软实力、科技含量、队伍状况、管理制度的先进性、流程的科学性、架构的合理性、机制的有效性等。

产品也是一把尺子，它能丈量出我们精神的高度、格局的宽度、情怀的深度、才学的厚度和实力的强度。

产品更是实实在在支撑起一个国家、一个企业发展的一梁一柱和一砖一瓦。中国人民切实可靠的美好生活，源于国家的系统性崛起，也就是中华民族的伟大复兴；中华民族伟大复兴取决于"五位一体"（经济建设、政治建设、文化建设、社会建设和生态文明建设）的伟大工程的全面建设，而全面建设的一系列成果就是"五大文明"（物质文明、政治文明、精神文明、社会文明和生态文明）。文明是什么？文明就是人类活动的一切成果的总和，而人类活动成果的具体表现形态就是产品。

产品也是最终决定企业兴衰成败、生死存亡的命运法宝。华为凭什么驰骋天下？小米凭什么风生水起？海底捞凭什么屹立不败？老干妈凭什么风靡全球？同仁堂凭什么基业长青？说到底，最终都是靠产品。唯产品，行天下。

产品，可以说是企业的生命线，然而，中国企业的产品与服务的质量和水平怎么样呢？

龙永图曾经提出的"三个关键问题"非常耐人寻味，值得我们深思。他提出，暂且不要讨论什么时候中国会超过美国，先问问三个问题：一是什么时候全球的精英会把他们的孩子送到中国留学,而不是像今天这样把他们的孩子送到美国、欧洲留学?二是什么时候全球的年轻人会最欣赏中国的电影、文化和书籍,而不是像今天他们最喜欢的是美国的电影、文化和书籍?三是什么时候全球的消费者在选择产品的时候会首选中国的品牌?

简而言之,就是一个问题:全球的消费者,包括中国的消费者,尤其是精英阶层的消费者,什么时候会首选中国产品?这里的产品包括教育产品和文化产品。

这些问题的确击中要害。某些中国企业的产品质量问题依然堪忧。所谓"不平衡不充分的发展"的一切问题,最终都将会表现到产品上来。当前,影响国人"美好生活"的因素有很多,但是最直接、最频繁的影响来自企业的产品与服务。

员工状态直接决定产品品质

产品是什么?有形的产品是人与物结合的产物,而无形的产品是人与人交互作用的结果。人是产品生产与创造的主体,是人决定了产品的品质。

剥下产品的外衣,可见其如下真相:

任何产品都是精神产品。产品是有灵魂的,产品的灵魂就是生产者的灵魂,也就是产品生产者的精神世界。产品形成的过程实际上就是产品生产者通过生产和服务，将其世界观、人生观和价值观，及其使命、愿景和动机，融入产品中去的过程。产品是人的精神内涵的浓缩和集中表现，是人的精神世界的投影。

任何产品都是情感产品。产品是有温度的，产品的温度就是生产者情感的温度。产品是有血肉的，产品的血肉就是生产者的血肉，也反映了产品生产者的情感世界。产品的形成过程本质上就是产品生产者对这个世界的认知和情感的反映。

任何产品也都是知识产品。产品是有骨骼的，产品的骨骼就是产品生产者的知识系统，也就是生产者的学识、才华、经验等知识资本，它们或多或少，或强或弱地在产品上得到表现。产品的生产者，即使境界再高，格局再大，情怀再深，如果没有其知识资本的支持，仍然解决不了问题，也就不能创造功能强大的产品。

产品即人品。产品品质取决于人的品质。而人的品质，包括企业的品质，从全要素的角度讲，包括精神资本、情感资本、知识资本、思想资本、行为资本、社会资本六大资本的内涵素质，产品的品质是由这六大资本的素质决定的。

产品是价值和意义的载体。产品的实质内涵是客户价值。客户价值是产品生产者和服务者提供给客户的物质利

第 1 章
对中国企业管理现状的扫描与反思

益和精神利益,或者说物质价值和精神价值的总和。而价值从何而来?毫无疑问,价值由资源转化而来,具体地说,价值是产品生产者和无形或有形的原材料在生产线上结合的产物,或者说是产品生产者的精神的、情感的、知识的资源(资本)与物质资源(资本)在生产线上向产品转化的结果。也就是说,任何产品的原材料除了我们熟悉的有形的物质原材料外,那些无形的,即精神的、情感的和知识的原材料,对于客户价值的形成、良好的客户体验的创造,更具有决定性的意义。员工学习与成长的水平越高,也就是说员工队伍的精神、情感、知识与能力的发展水平越高,就越能够吸引、凝聚、整合来自各个方面的资源,物质资源的层次与品级也就越高,同时与先进的流程、工艺和设备的匹配度也就越高,员工在价值链与价值网络中的表现水平也就越高,整个企业的产品质量、运行效率和发展动力才能够达到先进乃至一流的水平。

那么,问题是:第一,我们的员工是不是具有足够的无形的原材料储备?也就是有没有足够的精神、情感和知识内涵?换句话说,就是员工在精神上、情感上、知识水平上成长得如何,发展得如何?第二,如果没有足够的储备,那么员工有没有足够的意愿去学习和成长,以经营和发展自己的精神资本、情感资本和知识资本?第三,假如员工身上有着足够的原材料资本储备,管理者又如何将他们激活到应有的状态，激发出他们的能量储备，以创造客户价值？第四，广泛而持久的员工学习、成长、创造、奉献又该如何做到？

根据盖洛普咨询公司的调查数据，在企业中，仅仅有13%的员工对工作充满热情，每天开心而努力地工作；约63%的人对工作并不投入，他们时常迟到早退，每天混日子，对工作并不上心；而有24%的人在消极怠工，他们对自己的工作没有兴趣，甚至是厌恶。也就是说，87%的员工不热爱自己的工作，每天在浪费时间，这种浪费对企业和员工而言都已造成了巨大损失。

盖洛普咨询公司很多年前就在全球范围内做过一次企业员工状况调查，调查结果表明，一般企业员工的能量只释放了三分之一，也就是说，员工三分之二的潜能没有被激发出来。盖洛普的数据分析还得出了另一个结论：员工能量没有能够释放的原因在于企业忽视了人的情感需求。想想看：员工能量得不到释放，价值从何而来？员工的情感资本得不到调动，客户的感动和惊喜从何而来？美好的产品和服务只能是无源之水、无本之木。

领导力的精髓是激发员工的工作热情。如果说员工的能量只释放了三分之一，那还有什么领导力可言呢？

第 1 章
对中国企业管理现状的扫描与反思

都是管理惹的 "祸"

上面讲到，一般企业员工的能量只释放了三分之一，而根据我们的观察，在一些优秀的企业和组织中，员工的状态就像是打了鸡血似的，这些员工的能量释放远远超过三分之二。以餐饮业为例，在海底捞用心工作的员工比例甚至能够超过 90%，这就意味着其员工潜能得到了较为充分的释放。而一般餐饮企业呢？多少餐饮企业的员工不都还是爱答不理、表情呆板、眼神迷离的样子？按照冰山理论，冰山露出水面的部分往往只是一角，绝大部分位于水下。员工的能量释放也是如此，一般员工释放出的能量只是小部分，而主体部分则没有被释放出来，又何来更高水平的价值创造和客户体验？

问题在于：员工的状态是由什么决定的？说到底，是管理水平决定了员工潜力发挥的水平。

管理是什么？管理本质上就是营造组织环境，在这个环境中，能量得以生成、激发和聚集，并向着价值转换。

海底捞之所以有高达 90% 的能量激发水平，很大程度上在于其 CEO 张勇的激发，是他对员工进行有效管理的结果。这种管理，并不是传统意义上的控制，不是"胡萝卜加大棒"的效应，而是把员工当家人，当作企业生命系统中平等的伙伴加以尊重、珍惜和善待，这样的管理是一种唤醒、一种呵护、一种引导、一种激发，是生命与生命的连接和交相互动，是以心换心相互滋养，是和谐共生的相依为命。

可是其他中国企业目前的管理现状又怎么样呢？

某权威机构调查的结果表明：中国企业的管理者中，只有19.1%属于高绩效的领导者；9.8%属于鼓舞型的领导者；13.4%属于不增加价值的领导者，这类管理者基本上无所作为，对企业绩效不产生影响；还有高达57.7%属于挫伤员工积极性的领导者。

对于上述情形，我们都不陌生。很多中国企业，无论是国有企业，还是民营企业，其管理仍然处于经验型和科学型管理阶段，准确地说是处在偏于控制式的经验型和科学型管理状态。这种管理模式让员工轻则不知所措和迷茫无助，重则冷淡和放弃，更重则内心愤懑而又随波逐流，最为严重的则采取对立和斗争的方式应对。这就使得员工的自尊心、自信心，以及积极能动性所剩无几，而创造力和想象力更成为稀有之物。当一个企业70%的管理者处于无效管理和负效管理的状态时，员工的状态将会如何？毫无疑问，将会呈现出前文所述的情形：充其量只有少数的员工对工作充满热情。那么，一个企业在员工整体上精神疲软、缺乏热情的情况下，其产品质量、服务水平、客

第 1 章
对中国企业管理现状的扫描与反思

户体验会怎样？企业与供应商、合作者、社区乃至社会的关系状况会怎样？企业最后的组织绩效、发展态势、命运结局会怎样？毫无疑问，这样的企业即便还能生存，也只能是苟且偷生，碌碌无为。组织的确是人类最伟大的发明，很难想象没有组织的人类将会是怎样的人类。然而如果组织的管理水平跟不上时代前进的步伐，那组织的生存发展能力、绩效水平和命运状态就必将发生严重的分化。所幸的是，中国的一些组织，特别是企业组织已经觉醒，其管理理念、逻辑，以及运作的能力、绩效达到甚至超过了世界先进水平。但很多组织仍然被困在陈旧的思想、陈腐的意识、过时的行事风格和僵化的管理模式当中。

你的企业将会是怎样的一种命运

不同的管理营造出不同的文化环境、组织生态，导致不同的员工状态、行为表现、产品质量和绩效表现，最终将带给企业不同的命运结局。

根据 2015 年的统计数据，美国约 62% 的企业寿命不超过 5 年，只有 2% 的企业存活率达到 50 年，大企业平均寿命是 40 年。中国企业平均寿命是 7 到 8 年，而我国的中小企业平均寿命是 2.5 年，90% 以上的中小企业活不到 3 年。

企业寿命或长或短，运势或盛或衰，受诸多因素的影响，也有较大的偶然性，但是，总体而言，主要原因在于管理。

企业的命运各种各样，归结起来可以概括为以下四种：

第一种是"一时风光"型企业。它们曾经有过辉煌，但是好景不长。这种企业于突然间爆发，吸引了许多人的眼球，但不久就轰然倒塌，可谓"其兴也勃焉，其亡也忽焉"。在现实中，这种企业为数不少，包括火爆一时的秦池老窖、三株口服液、太子奶、三鹿等。"一时风光"型企业最大的问题在于短期导向、巧取豪夺，在巨大的财富诱惑下失去了定力。

第二种是"一生平庸"型企业。这些企业悄悄地来了，又悄悄地逝去，寿命不长。在中国，绝大多数企业都是一生平庸型，普遍不到三年便匆匆"离世"。这些企业的主要问题在于自身能力不足，不懂管理和市场，不知道怎么带队伍，或者没有竞争力强的产品和商业模式，最终导致产品质量、服务水平无法满足客户的需求，自然没有出头之日。

第三种是"长生不老"型企业。长生不老型企业通过对某一领域的长期专注，不断做精做优，进而做长做久。在日本及欧洲，很多中小企业存在了上百年，它们不

第 1 章
对中国企业管理现状的扫描与反思

为外界的诱惑所动,百年如一日地追求精益求精,最终使其产品傲视全球。然而,为了控制产品品质,企业规模始终保持稳定,在一个特定领域做强,努力做精致而不是把规模做大,这是长生不老型企业的战略选择。

根据"长寿企业研究第一人"、日本经济大学教授后藤俊夫的研究,拥有寿命超过一百年的企业数量最多的前十个国家分别是日本(25321家)、美国(11735家)、德国、英国、瑞士、意大利、法国、澳大利亚、荷兰和加拿大;这类企业对经济总量贡献最大的前四名依次是日本、瑞士、澳大利亚和德国。

以中国高铁的螺帽生产商哈德洛克工业株式会社为例,这是一家规模不大的日本企业,长期专门生产螺帽,它制造的螺帽永不松动,这一特质对高铁来说至关重要;再以国家大剧院的管风琴为例,它产自欧洲一家叫作"克莱斯"的企业,一百多年专做管风琴。

当然,中国也不乏长生不老型企业,比如同仁堂。这家创立于1669年的企业历经近350年的风风雨雨,坚持恪守"炮制虽繁必不敢省人工,品味虽贵必不敢减物力"的古训,在中药领域不断反复研制,兢兢业业,成就了中药领域最为卓越的企业。

但不得不说,大多数中国产品目前还不是精品,"中国制造"仍然未成为"中国创造"。

最后一种是长盛不衰型企业。长盛不衰型企业不光能做大做强，还能做精做优、做长做久。也就是说，长盛不衰型企业不仅能够长生不老，还表现出较快的增长速度。长盛不衰，并不是说这些企业没有挫折和失败，而是说这些企业总是能够从困难和困局中，从挫折和失败中走出来。这些企业呈现出波浪式振荡上升的发展曲线。国际著名的IBM公司成立于1911年，在成立后的一百多年时间里，IBM历经了两次世界大战，多次金融危机，许多和它同时期的公司都在风雨中消失了，但IBM一直在成长，在2017年最新出炉的世界企业500强榜单中，IBM名列第81位。

毋庸置疑，在企业的四种命运中，长盛不衰是我们的梦想。长盛不衰型企业具有四种特征，其中三个特征为显性特征：高寿命、高绩效和高成长，一个特征为隐性特征，即高品质。

第一个特征是**高寿命**。不同于"一生平庸"和"一时风光"型企业，"长盛不衰"型企业往往具有悠久的历史，它们有时也可能会遇到挫折，但它们一定不会因此衰落，而是从挫折中走出来，阔步走向一个又一个高峰。

第二个特征是**高绩效**。高绩效就是高价值创造，"长盛不衰"型企业创造的价值往往更多。一个企业之所以会诞生、发展，都是因为其创造了价值。一个要存活几十

第 1 章
对中国企业管理现状的扫描与反思

年甚至上百年的企业,必须创造能够支撑其长期发展的价值。这种价值不仅包括客户价值,还包括员工价值。客户价值直接体现为企业的产品和服务所带来的客户满意度,员工价值则直接体现在由管理所带来的员工满意度。更广义地讲,客户价值,还包括了企业分享和回馈给股东、合作伙伴、供应商、竞争对手、所在社区、所处社会,以至自然生态的价值。

相比之下,"一生平庸"型企业绩效低下,"一时风光"型企业绩效波动较大,虽然可能有一时的高绩效,但必然不可持续。而长生不老型企业往往规模较小,因而创造的价值也不及长盛不衰型企业。

创造价值对企业自身意义重大,它是企业的生命支撑。企业生命中的每一个脚印,都是由价值雕刻而成;企业生命中每一个台阶,都是由价值浇铸而成。没有价值,依靠投机取巧,企业即便能侥幸获得一时的成功,最终都将轰然倒下。

第三个特征是**高成长**。"一生平庸"和"长生不老"型企业往往表现出较低的成长速度,而"一时风光"型企业虽然在一段时间内表现出高成长速度,但这种成长不可持续,也就是说,在较长的时间跨度内,它并没有表现出高成长的特质。只有"长盛不衰"型企业,能够从零到一,进而不断推动自身壮大。

"长盛不衰"型企业的第四个特征是隐性的，那就是**高品质**。所有的显性结果都是由高品质这个隐性因素决定的。高品质并不单指产品的性能，更多的是隐藏在产品性能背后的精神品质、知识品质等无形的特质。有形生于无形，结果背后的原因比结果重要，没有高品质的支撑，就不会有高寿命、高绩效和高成长的结果。

那么，高品质又从何而来呢？该如何通过管理来培育和实现这种高品质呢？

优良的管理才是企业命运真正的守护神

不良的管理是企业的掘墓人，而优良的管理则是企业命运的守护神。

对企业而言，其核心任务在于：通过管理的改善和升级，打造、培育企业的高品质。企业的核心追求在于绩效，它是一个企业经营管理的最终综合成果，那么好的绩效从何而来？它产生于企业所提供的产品与服务，好的产品与服务带来优秀的绩效，但是产品与服务本质上也是高品质管理的结果。

有的企业可能懂得这个道理，但缺乏足够的意愿和定力去聚焦于管理者和员工的学习和成长以及企业软实力的打造。其实，意愿和定力在很大程度上取决于管理者的情

第 1 章
对中国企业管理现状的扫描与反思

怀和抱负,取决于管理者想要采取怎样的管理方式,想把企业带向何处。

对企业来说,平衡计分卡是一个很好的理论和工具,无论是制定战略,还是进行组织考核,它都大有用武之地。比如,一个企业的目标是未来十年内达到五千亿元的规模,这是它的战略吗?不是,因为战略具有系统性,不能仅仅从财务的角度出发。考核也是如此,企业的考核应该全面,不仅包含各单位、各业务线的财务指标,还应包括财务之外的其他目标。如果一个企业最近两年的财务绩效不错,但却连续两年没有做培训,这很可能意味着:这家企业过去的优良绩效是在吃老本,未来很可能要走下坡路。因为没有团队建设,没有人才培养,企业是走不远的。

在这个问题上,平衡计分卡给了我们很好的方法论。它从四个角度来衡量企业战略管理和企业的品质内涵:财务绩效、客户满意、制度流程、学习成长。在现实中,企业往往追求优秀的财务绩效,但优秀的财务绩效的背后,永远都伫立着客户满意、制度流程和学习成长三大环节。就好比一个农场的运作,高效的产出不仅需要气候条件(天时)和优越的地理位置(地利),更需要"人和",需要种植工人将每一个细节,如播种、灌溉、施肥、剪枝等都做到精细到位。一个企业如果在客户满意、制度流程和学习成长各方面都表现优异，那么财务绩效就是自然而然的结果，即使在市场发生波动的情况下，也能在风雨中屹立不倒。

所以，企业的财务绩效必须向内求索，首先把产品和服务做好，让客户满意，让客户惊喜，就能让客户成为企业的"粉丝"，并保持忠诚。要想把产品和服务做好，就得先把制度流程做好。制度和流程体现为企业内部的经营管理方式，大的方面包括组织架构、人员架构，小的方面包括操作规范、服务守则等。要想把制度流程做好，就必须先做好学习成长的工作，提高员工的基础素质。

华为之所以从全球众多的通信设备供应商中脱颖而出，很大程度上因为其有着全球一流的制度流程，包括竞争模式、服务模式、运营模式等。这些制度流程最终要落实到人上，也就是说，一流的制度流程最为重要的是对人才的考核和激励，保证企业能够引进或者筛选出最优秀的人才。

再好的流程，都要有相应的员工与之匹配。员工的能力素质不够，即便有优秀的制度流程，效用也将大打折扣。那么，该如何培养这些能力素质呢？答案就是学习。通过学习提高员工的技能，提高员工的素质，进而与先进、科学的制度流程相匹配，由此完美地服务客户。

如果财务绩效是硬实力，那么客户满意、制度流程、

第 1 章
对中国企业管理现状的扫描与反思

学习成长就是软实力,这三个方面的品质必须到位。软实力的根本因素是什么?是人。没有人,就不可能设计出先进、高效的制度流程,即使设计出来,运行也不会有效果,最终也不可能产生优质的产品和服务,无法让客户满意。

那么该如何把握学习成长这个重中之重呢?只能依靠管理。如果不能通过管理营造出一个有利于员工学习成长、素质提升、软实力提升的环境,员工的素质不可能自然产生,即使有高素质的人才进入这个团队,也很可能被环境所改变,因而随波逐流、碌碌无为。

第 2 章

从管理 1.0 到管理 4.0 的历史与现实的必然

从历史发展的角度来看,人类的管理实践经历了从管理 1.0 到管理 4.0 四个阶段,表现出四种形态,它们分别是:经验型、科学型、人本型和生命型。

这四个阶段体现了管理的不同境界,但对具体企业而言,其管理处于哪个境界并不是绝对的。事实上,一个企业往往侧重在某一个阶段,总体上属于某一个形态,但或多或少兼有其他阶段的特点。新的阶段或形态是对前一个阶段或形态的扬弃和超越。扬弃不是抛弃,实际上也无法抛弃,而超越一定是在继承了前一个阶段合理性元素基础上的超越。

第 2 章
从管理 1.0 到管理 4.0 的历史与现实的必然

管理 1.0： 经验型管理

从管理的历史来看，在 20 世纪以前，管理主要依靠的是个人经验。个人经验的对与错、多与寡，直接决定了管理的成败，这种管理可以称为经验型管理。它相对粗放，往往没有系统的理论指导，也没有科学方法与工具的支撑，自然也没有明确的制度、流程、标准和规范，即使有，也总是得不到良好的执行，我们将这种管理称为经验型管理。

经验型管理不好吗？恐怕不是绝对的，毕竟，从历史背景而言，在经验型管理所处的时代，企业生产规模普遍不大，多采用家族式的小作坊生产，对这种生产规模和生产方式来说，并不需要太多复杂的制度流程。但随着时代的变迁和大规模生产的到来，整个社会对效率和质量的进一步追求使经验型管理越来越不合时宜。

说到底，经验型管理就是摸着石头过河，摸到多少是多少。这就会导致不平衡，石头有好的，也有不好的，摸到了合适的石头就会走在前面。没有一套科学的原理、方法、工具的指导，没有一套制度化、流程化、规范化、集约化的标准制度和流程，往往容易造成不平衡的问题。

此外，经验型管理还具有不稳定的缺点，在企业管理中，很多方法和工具是在特定的时空条件下形成的，可能由某个领导者推行时适用，由别的领导者推行时却不适用；可能在这个企业适用，在那个企业则不适用；可能在这个地区适用，在那个地区则不适用。当人口结构、市场需求、竞争环境等要素发生改变后，过去帮助管理者创造成功的许多历史经验有可能成为巨大的陷阱。

21世纪的今天，人类已经进入万物互联的时代，科技进步日新月异，企业要取得成功，需要在创业初期就树立科学型管理、人本型管理和生命型管理的意识。在积累经验、不断探索的过程中，自觉地实施管理改良与变革，适时地转变管理理念和管理的模式与方法，才能保障企业的健康与稳定发展。

管理2.0：科学型管理

20世纪以来，随着轰轰烈烈的工业革命，社会生产规模也前所未有地爆发，大型工业企业如雨后春笋般产生，在这种情况下，如何从管理层面提高生产效率成了一个问题。

1898年，管理学家泰勒在伯利恒钢铁厂开始了他的实验。这个工厂的原材料是由一组计日工搬运的，工人每天挣1.15美元，这在当时是标准工资，每天搬运的铁块重量有12~13吨，对工人实施惩罚和奖励的方法就是找工人谈话或者开除，有时也会选拔一些表现较好的工人到

第 2 章
从管理1.0到管理4.0的历史与现实的必然

车间里做等级工。

泰勒挑选了一个工人,要求他按照新的标准工作,每天给他1.85美元的报酬。通过对弯腰、行走速度、持握的位置等变量的研究和控制,最终该工人每天的工作量可以提高到47吨,同时并不会感到太疲劳。为了推广这种工作规范,泰勒采用了计件工资制,工人每天搬运量达到47吨后,工资上升到1.85美元,在高工资的刺激下,工人们竞相接受了这种工作规范,整个工厂的劳动生产率提高了很多。

在这之后,泰勒又进行了煤炭挖掘实验、金属切削实验等,并依据实验结果最终撰写了《科学管理原理》,这标志着以标准化为核心的科学型管理的诞生。总体来说,泰勒所提出的科学型管理主要包括两个方面:工作分解与绩效考核。

工作分解方面,传统的经验型管理往往忽视对整个流程的控制,而科学型管理则将每一项具体工作的动作(流程)进行分解,确定完成该动作(流程)的最优方法,从而基于该方法确定每一个动作(流程)所需要的时间,时间甚至能精确到几分之一秒,整个流程体系被确定为一套标准体系。

绩效考核方面,实行绩效工资制。工人的工资最终取决于他在规定时间内的劳动成果,因此,如果想获得更高的工资,就必须严格按照现有的标准规范执行,尽可能熟练掌握工作技巧。相比于传统的计时制,这种考核制度无疑更能提高工人的劳动效率。为了配合这种绩效考核制度,公司会刻意引进更为匹配的人才,并对其进行标准化流程的培训。

科学型管理无疑是对经验型管理的一种提升,两者的关系在于:科学型管理将经验型管理中的最佳经验进行萃取,经过科学的研究,将其上升为标准体系并进行推广。比如麦当劳全球门店数量超过了3万家,但无论是在美国、中国,还是非洲,汉堡和薯条的味道都是一样的,这就是科学型管理标准化的力量。

虽然管理实践远比理论假设要复杂,各行业之间也有很大的差异,但就工业生产而言,工艺流程环节和动作标准化是相对容易做到的,先研究和制定标准化流程,再去寻找和培养合适的人,基于计件工资制进行考核,这就是科学管理的成功之道。

1910年,福特公司开始在高地公园新厂进行工厂自动化实验。亨利·福特率领一群效率专家,检讨装配线上的每一个环节,试验各种方法,以求提高生产力,最终创造了世界上第一条汽车装配流水线,实现了机械化的大工业生产,大幅度提高了劳动生产率,出现了高效率、低成本、高工资和高利润的局面。

第 2 章
从管理 1.0 到管理 4.0 的历史与现实的必然

1914 年,福特宣布 8 小时日工资为 5 美元(取代了 9 小时 2.34 美元的工资标准),这个报酬是当时技术工人正常工资的两倍。这个消息一公布,大约有数万人涌到福特的高地公园制造厂申请工作。亨利·福特开创了一个新时代,他独特的汽车生产线和为大众服务的经营理念一方面给自己带来了丰厚的利润,另一方面也改变了美国人的消费观念,从此,美国成为汽车的王国。

在看到科学型管理带来的管理飞跃的同时,我们必须注意到,科学型管理的核心是制度化、标准化,本质上是控制式的管理。标准、任务和报酬是硬性的,对员工来讲,适者生存,否则便是淘汰。这种制度适用于体力劳动者,适用于没有技术含量或者技术含量低的岗位,因为这些劳动较易度量,过程容易监控。在生活水平较低的 20 世纪早期的工业时代,这种制度受到了极大的追捧,但进入 21 世纪,科学型管理已经无法完全适用于新时代工人的管理,它容易造成人的异化,引发自杀等一系列悲剧。

从更深层次分析,对很多采用科学型管理的企业来说,企业需要的是员工按标准和流程完成任务,不需要员工的思考、价值和情感,员工最好就像一台机器。对此,大力推行科学型管理的福特毫不讳言:"我雇的明明是两只手,怎么却来了一个人?"

在过度推行科学型管理的情况下,企业和员工之间只有经济上的关联，缺少其他层面的沟通，由此造成的后果是严重的。在这个新的时代，单纯的科学型管理，严格的"胡萝卜加大棒"政策已经落后了。

管理 3.0： 人本型管理

与体力劳动相比，脑力劳动一方面过程难以监控，因为脑力劳动是静态而非动态的，借助外在的技术手段很难识别劳动进行与否，以及进行的强度；另一方面，脑力劳动的结果并不那么容易评判，就像一篇小说，很可能仁者见仁，智者见智。正如管理学大师德鲁克所说，21世纪最大的挑战是如何管理知识工作者和他们的生产力。所有的重大创新，几乎都依赖于知识工作者，脑力劳动的重要性已毋庸置疑。不仅如此，在服务业日趋发达的情况下，其从业人员的劳动一方面体现出过程难以监控、结果难以度量的特点；另一方面其劳动受主观情绪影响很大，比如与客户谈话时的语气、表情等。

针对知识工作者和关系型劳动者，控制式管理很难奏效。知识工作者要利用创意创造出知识成果，关系型劳动者要用美好的情绪、情感，美好的话语、行为去感染、感动客户，这两种人的劳动很难以量化的度量来控制，企业唯一的选择就是去激发、引导他们。也就是说，企业应该

第 2 章
从管理1.0到管理4.0的历史与现实的必然

给予他们更多的尊重、支持和鼓励,而相应的,企业的管理应该从科学型转向人本型。

什么叫人本型?简单地讲,人本型管理就是以人为本的管理。以人为本意味着三点:一是把人当作人,而不是当成工具:人是主体而不是客体,人是目的而不是手段,人是人而不是物,人是归属也是出发点;二是所有的管理方法和举措都围绕着调动人的主动性、积极性、自觉性和能动性展开,达到的效果是让员工自觉自发,而不是被迫做事;三是经营管理的发展成果要与员工分享,让员工有获得感。正如著名管理学家陈怡安教授对人本管理的概括:点亮人性的光辉,回归生命的价值,共创繁荣和幸福㊀。

人本型管理听上去非常美好,对于人的主体性的调动与发挥也很奏效,但它是否就没有缺陷?当然不是。从理论角度来说,人本型管理还存在着内涵不清、目标定位不准、研究对象不明、缺乏理论体系等一系列问题;从实践角度来说,它存在操作难度大等缺点。最关键一个核心的问题是:人本型管理以"人"为中心,这个"人"指的是谁?是老板还是员工?是管理者还是客户?是我们所处

㊀ 孙莉. 人本管理:一个需要澄清的理念 [J]. 天津市工会管理干部学院学报,2003(9).

的社区还是整个人类社会？是某个国家的人还是全世界的人？

2016年，风靡一时的互联网借贷平台e租宝因非法集资而被查处。据总裁张敏交代，整个集团拿着百万级年薪的高管多达80人左右，一个月需发给员工的工资就有8亿元，而其员工不过6万人（含销售人员），也就是说，即使算上全国各地的销售人员，e租宝的平均月工资也能达到1.3万元，在许多城市，e租宝的员工工资都大幅高于当地银行业薪资水平。不仅如此，e租宝还要求尽可能提高员工的"格调"，比如为办公室几十个秘书配上LV、爱马仕等高端奢侈品。在对待员工方面，e租宝真可谓"舍得下血本"，然而，这种看起来的"以员工为本"最终只能害了员工。

在现实中，学界和实践领域多推崇股东价值最大化。也就是说，股东是人本管理中的"人"。但是，股东价值最大化，是否意味着员工、客户等获得的价值就可以小一些呢？无疑，股东价值最大化具有一定的片面性，因为投资人、管理者、员工、客户、供应商，甚至社区、社会、国家、民族、人类乃至整个地球等都处于一个系统中，企业的基业长青有赖于这个系统的良性循环，有赖于这个系统中每一个主体的自觉性、积极性、能动性。企业不能只考虑到股东，而是要将自己的目光放得远一些，跳出自己

第 2 章
从管理1.0到管理4.0的历史与现实的必然

的围墙，看到更大的环境和系统。

在过去的两百年间，西方国家经常周期性地出现经济危机，其实就是企业没有系统性思维的恶果。资本家为了追求个人利益的最大化，一方面尽可能克扣工人的工资，使得工人只能维持家庭的基本生活；另一方面尽可能地扩大生产规模，增加产品供应，由此造成整个社会消费能力和生产能力的严重失衡，最终的结果是产品剩余，资本家资金链断裂，工人得不到工资，整个经济陷入崩溃。

因此，狭义的以人为本是有缺陷的。因为"人"的内涵是模糊的，在实践中容易出现三方面的局限：

第一个局限是人类中心主义，即人类利益最大化。由此便忽视了其他生命，造成人和大自然的矛盾越来越尖锐，这种矛盾已经严重危害到人类的生存。自从智人产生以后，物种灭绝的速度便大大加快，即使到现在，物种灭绝的形势依然非常严峻，长此以往，人也终将灭绝。可以说，资源枯竭、环境污染、物种多样性减少等问题已经亟待我们解决。

第二个局限是少数人本位，或者局部人本位。比如华尔街金融机构的管理层就是少数人本位，他们给自己设计了很多的期权，为了把绩效做好，甚至不惜透支未来的发展，寅吃卯粮，最终，企业获得了"优异"的绩效，而他们也兑现了期权，兑现完了就走人，之后便是企业绩效的持续下滑，这种情况下，企业并没有实现股东利益的最大化，更不用说员工利益了。在中国某些企业中，这种情况也并不少见。

股东利益最大化也是典型的、普遍存在的少数人本位。此外，违规排放、偷税漏税等损害全局、利于小局、损公肥私的行为也是少数人本位；我们这一代人大量消耗自然资源的行为也是少数人本位；拉山头、搞圈子、结帮派都是少数人本位；所谓"某国第一"自然也是少数人本位。

第三个局限是个人本位，即"以我为本"的极端个人主义、利己主义。其逻辑是：自己的需求是第一位的，其他人都必须满足自己的需求，而为了达到自己的目的，无论使用什么方法都不过分。

三种本位，或者说三大局限的共同之处在于：没有看到局部与全局的联系，没有看到一个更大的整体的存在以及这种存在对局部的影响，自然也就没有关注到、关照到更大的系统，以及系统中其他生命的存在和利益。

管理4.0： 生命型管理

生命型管理是什么？简单地讲，就是把企业当作一个生命来看待。生命最本质的东西是什么？是联系。任何生

第 2 章
从管理 1.0 到管理 4.0 的历史与现实的必然

命不可能孤立存在,而必须存在于一个大的系统中,这个系统由各种生命连接而成,因此叫作生命系统。

认识到生命之道非常可贵,更重要的是遵循和践行生命之道。对于企业来说,超越单纯的利润诉求,在新商业伦理的指导下,关照更多的社会主体、更多人乃至整个社会,持有这样生命之道的企业才会变得更强大、走得更远。

践行生命型管理,打造让管理者奉献、员工支持、客户满意、社会信任的企业,才是我们和社会所大声呼唤的,它本质上也代表了人们的生活追求,代表了我们所渴望的生命状态。而探求生命之道,遵循生命之道,践行生命之道,活出生命真正的意义,就是生命型企业的追求。

从管理 1.0 到管理 4.0,每一次上升都是一种扬弃,都是吸取了前一阶段管理精华的一种超越。值得庆幸的是,生命型管理作为目前管理的最高形态,已经在一些企业中得到了应用。在国外,脸书、谷歌这样的企业都体现了生命型管理。在国内,有德胜洋楼、固铻电子、信誉楼百货、方太厨具等越来越多的生命型管理企业典型。这些企业都强调对员工的分享,对供应商的相互促进,对社会和国家的贡献,因其卓越的管理,均被纳入了哈佛大学的教学案例。

当然,不同企业由于所处行业、自身特色等方面的差别，往往适用不同的管理方式，不存在放之四海而皆准的管理模式。然而，追寻生命型管理境界，即便是目前做不到，也能为企业的未来指明方向。

　　对于不少中国企业来说，一方面以制度规范为核心的刚性管理功课没有做足；另一方面以人文关怀为核心的柔性管理还刚刚起步。既充分学习和借鉴西方管理，彻底消化其积极、先进的思想和方法，又深度挖掘中国优秀传统文化精神资源，找到高度彰显中国智慧的管理模式，并形成具有广泛推广应用价值的理论，迫在眉睫，又任重道远。

第 3 章

生命型组织的基本原理

要想理解生命型管理,首先就要理解生命和生命系统,只有这样,才能进一步理解生命型企业,找到企业基业长青的规律和奥义。发现、理解、尊重生命运行规律,按生命运行规律看待和对待企业,按规律开展企业管理的过程,就是学习、体悟、践行生命之道的过程。

生命规律,或者说生命之道,无疑是一个庞杂的系统。本书主要从企业组织管理和打造生命型企业的角度,努力探寻生命运行最基本的规律和最核心的要义,而本书将之概括为三个核心要义:其一,生命的本质是联系,没有联系就无所谓生命;其二,生命存在的基本形式是共生,不能互利共生,就没有利益众生的联系;其三,生命运行的核心机制是从资源到价值的转换，没有足够的资源，或者资源不能转换成为价值，或者价值不能用于分享和输出，共生和联系就不能形成良性循环。

生命的本质是联系

一、没有联系就没有生命

生命本身就是联系的产物。我们知道：碳元素是构成所有生命体最基本的元素，是生命的骨架，然而，如果只有碳元素，也不会有生命，正是因为碳元素与氢、氧、氮等元素的结合，才有了地球上最原初的生命形式——原始的单细胞生物。随着生命的演化，不同的生命形式，其构成元素也各不一样。就人体而言，必需的元素有很多种，如果没有这些元素以特定形式的联系、结合与互动，生命的形成是不可能的。而生命诞生之后，为了生命的存续和繁衍，还必须从生命体之外，通过与空气、阳光、水、土壤和其他生命体的接触和联系，不断地获取这些元素，否则，生命就会停止运行。

从生命的最初产生至今已经过去了近38亿年。那么，生命是什么？在恩格斯看来，生命是蛋白体的存在方式。这种存在方式本质上就在于这些蛋白体的化学组成部分的

第3章
生命型组织的基本原理

不断自我更新,也就是说,生命的特征在于能够通过物理作用或化学反应的方式与外界环境进行物质、能量的交换,只要生命仍在持续,这种物质和能量的交换就会一直持续,而交换一旦停止,生命就将不复存在。

生命系统是什么?生命系统是自然系统的最高级形式,是指能独立与其所处的环境进行物质与能量交换,并在此基础上实现内部的有序性,进而发展与繁殖的系统。

任何一个生态系统都由生物群落和物理环境两大部分组成。各种生物在生态系统的生命舞台上各有角色,通过物质交换和转换维持生态系统的平衡,也就是说,生命系统大到生物圈,小到细胞,其本质都是在广泛的、丰富的、动态的联系与交互中进行物质和能量的持续交换。

认真考证一下"经济"的英文单词 economy 和"生态"的英文单词 ecology,它们有一个共同的词根——eco。因此,有学者认为经济学起源于生态学。这也启示我们,要深刻把握经济学的逻辑,或者是要深刻理解经济活动和企业组织运行的规律,必须要使用生态思维,而生态思维本质上就是联系的思维,特别是后面我们要阐述的共生联系的思维。

eco 本来的意思是指家政、家庭的治理,是通过家庭关系的处理和协调,使得家庭中的不同角色和地位的人之间形成利益共创、共享、互利、互助的命运共同体——关系系统。我们讲的组织生态、政治生态，本质上就是人与人之间的关系状态。

我们知道，生命科学就是一门研究生命关系的科学，其中生物学着重研究生命内部的关系，生态学重点研究生命与生命之间以及生命与环境之间的关系。当然，本书所说的生命超出了生物学意义上的生命范畴，包含了更加广泛的生命形态，特别是组织生命。但是，一般意义上的生命规律对于组织生命之道的探寻，其借鉴意义是非常深刻和无可替代的。生命科学所研究的正是生命的内部结构（关系）与功能（价值），以及生命与（外部）环境之间的关系的学问，也正是由于受到生命科学的启发，本书才提出生命的本质是联系（关系）的命题。

二、注重联系——中国人生命观的基本特征

中华传统文化蕴藏着丰富的管理智慧，要想做好生命型管理，尤其是在中国做好生命型管理，需要对传统文化进行深度的学习、借鉴、吸收和落地。因此，研究传统文化如何看待生命，其意义和价值不言而喻。

"中国的传统文化中，仍然保留了那些以生命一体的观念来了解万事万物运行的法则，以及对于奥秘的宇宙万

第3章
生命型组织的基本原理

物本原所体悟出的极高明、精微和深广的古老智慧结晶。"㊀ 可以说，与西方文化相比，中国传统文化的特色之一在于这种强调生命一体、万物一体的系统观。

系统观在中国可谓源远流长，作为"群经之首、大道之源"的《周易》的系统观特征尤为明显。总体来说，《周易》以六十四卦而将天地万物纳入其中，六十四卦的基本元素为八卦，八卦的基本元素则是阴与阳。也就是说，理解了基本元素的联系与变化，也就能够理解整个世界，而其内在的逻辑是：这个世界是一个万物相互联系的整体世界。

后世的诸子百家受《周易》影响极深，其中以儒家和道家为代表：二者均继承了《周易》的系统观特质。

自孔子以来，儒家文化在中国大地发展了2000多年，对中国人的影响可谓渗入血液，小到生活起居，大到国际关系，无处不在。那么，儒家文化何以能在历史上长盛不衰？答案在于儒家从整体的角度对人与人之间的伦理关系，如君臣、父子、夫妻等关系进行了规范，并将之推广运用到政治实践，最终成为指导性原则。

儒家规范体系以仁、义、礼、智、信等为代表，其核

㊀ 彼得·圣吉. 第五项修炼——学习型组织的艺术与实务[M]. 郭进隆，译. 上海：上海三联书店，1998：3.

心在于仁。通过"仁",实现夫妻恩爱、父慈子孝、兄友弟恭,实现邻里和谐、亲如手足等,最终实现"老有所养,幼有所教,贫有所依,难有所助,鳏寡孤独废疾者皆有所养"(《礼记·礼运篇》)的大同社会。归根结底,儒家强调通过"仁"来加强和优化人际联系,也要通过"仁"来修身齐家治国平天下。人者仁也,不仁之人,最终将失去所有的人际联系,比如国君失去其臣民,普通人失去家人和朋友,而不再成为严格意义上的人,可以说,儒家意义上的生命本质是联系,而发掘生命本质的方式在于"仁"。

不仅如此,儒家还将"仁"推广到人与其他生命,乃至与整个自然的联系中。比如"钓而不纲,弋不射宿"(《论语·述而》),"斧斤以时入山林,林木不可胜用也"(《孟子·梁惠王上》)。在人与自然的联系中,人不是一味索取,而是有所节制,有所保护,最终达到天人合一。从这个意义上讲,生命型管理也可以被称为"仁本管理"。

与儒家相比,道家显得较为出世,因而对人际联系的规范描述并不算多,但道家对万物之间的联系进行了深入的阐述。

万事万物之间相辅相成,它们互为参照,任何一方不能独存。"有无相生,难易相成,长短相形,高下相盈,

第 3 章
生命型组织的基本原理

音声相和，前后相随，恒也。"（《老子》二章）有无、难易、长短等矛盾双方都不能独立存在，它们必须以另一方的存在为前提，因此，即使双方相互对立制约，也不会出现一方消亡的情况。

事物之间也会相互转化，"反者道之动"（《老子》四十章），"祸兮福之所倚，福兮祸之所伏"（《老子》五十八章），祸福在一定条件下可以相互转化。

生命的存在和发展也有赖于事物之间的联系。"万物负阴而抱阳，冲气以为和"（《老子》四十二章），"和"就是阴阳平衡的状态，这是万物存在和发展的前提。对于生命来说，一个平衡的外界环境至关重要，只有在生命融入外界环境并与外界产生联系，且这种联系达到平衡的情况下，生命才能持续地存在和发展。当然，除了与外界环境达到平衡外，生命自身内部也必须达到平衡。

三、看到联系才能看到生命的真相与力量

19 世纪的科学家普遍认为，复杂的系统、事物、现象可以化解为各个静止的、相对孤立的组成部分来进行研究，再将各个部分的性质"组装"起来，便构成了对于整个复杂整体的描述。虽然还原论的思维方式带领人类取得了很多科学成就，但随着科学研究的不断深入，人们发现还原论的方法面临着无法突破的困难。

例如，在分析生命时，科学家将生命层层拆解到基本组成单元——细胞，每个细胞都在与外界进行物质和能量交换，保持新陈代谢；然而，我们却无法简单地通过描述各个细胞的状况来理解这些细胞形成的组织、器官甚至是生命系统的功能。正如我们可以研究每一个神经元细胞，却无法理解这些神经元细胞构成的大脑是怎样进行抽象思维和情感活动的。我们也知道在《弗兰肯斯坦》中，把所有器官拼接在一起就能形成生命的这种机械的、分割的思维方式是不能成功的。

20世纪中叶，贝塔朗菲提出了"一般系统论"的概念，直接把系统作为了科学研究的对象，兴起了一场"系统运动"的浪潮。贝塔朗菲强调生命现象是不能用机械论观点来揭示其规律的，而只能把它看作一个整体或系统来加以考察。根据系统生物学的观点，构成生物系统的关键不是它的组成部分，而是组成部分之间的相互作用或者组成部分之间的关系。

正如量子力学的奠基人之一薛定谔在《生命是什么》中所指出的，生命是一个远离平衡态的开放系统，为了维持生命的有序性，生命系统必须不断与外部环境交换能量，抵消"熵增"的过程。也就是说，生命内部的各个系统间是紧密联系的，企图将生命分解为独立的组成部分加以分析会与生命的本质背道而驰。

第 3 章
生命型组织的基本原理

事实上,不仅生命本身是一个联系紧密的整体,多个生命体之间通过某种形式的信息传递,也会在整体上形成个体并不具备的特质,这就是伴随着新科学的兴起而被广泛讨论和应用的自组织和涌现现象。

蚂蚁,就其个体而言,力量是极其微弱的,但由于它与众多的蚂蚁建立了联系,产生了协同,从而获得了巨大的种群力量。反观熊猫,不仅个体力量弱小,而且个体与个体之间联系很少,合作很少,所以,熊猫的适应能力比较低。不要说个体并不强大的熊猫,就是个体力量十分强大的老虎,由于画地为牢,一山不容二虎,其种群的适应能力甚至比不上个体之间紧密联系、善于合作的狼。

总之,无论是不同生命形态之间的联系,还是种群内部的联系,都是生命得以存在和发展的根本条件与力量之源。当前广泛使用的互联网最根本的特质就在于联系。它使得人和人之间具备了广泛而普遍的连接,使信息的传递和交流变得更加迅捷且成本低廉。

生命存在的基本形式是共生

我们说生命的本质是联系,而联系是有着不同性质的,同时也是十分复杂的。

一、共生是生命间最为根本的联系

由于资源的稀缺性，竞争是不言而喻的，但是，一个生命体如果只会竞争而不会合作，其生存、繁衍和进化的能力则是极为有限的。

合作的基本表现形态是共生。共生，即互利共生，指生物之间彼此互利地生存在一起，缺此失彼都不能生存的一种合作关系，是生物之间在长期进化过程中最终形成的高度合作关系。共生是自然界司空见惯的现象，同时也是在大自然"物竞天择，适者生存"的生存法则下，生命界的天才创造。

小丑鱼居住在海葵的触手之间，这些鱼可以使海葵免于寄生虫的侵袭，而海葵长有刺细胞的触手，可使小丑鱼免于被掠食。小丑鱼本身会分泌一种黏液覆在身体表面，保护自己不被海葵伤害。

人与人之间的共生关系更是不胜枚举，例如，夫妻之间的最佳关系模式就是彼此间你中有我、我中有你，你离不开我、我离不开你，相辅相成、相互影响、相互塑造、相互滋养、相依为命，这就是共生关系。

理想的上下级关系、一二三产业之间的关系、开放的中国与世界间的理想关系都就应该是一种共生关系。

第3章
生命型组织的基本原理

二、隐性的共生联系是生命系统深层的真相

以上例子是典型的、直接的共生现象，而间接的、隐性的共生现象、共生关系，则是更加普遍的存在。

我们曾经以为狼是人类不共戴天的敌人，所以有组织地"打不尽豺狼绝不下战场"，结果导致了一场可怕的生态灾难。一是兔灾：兔子无节制地繁衍，与羊争草，使羊的养殖严重受限。此外，兔子的窝就像是隐秘的陷阱，草原上的马一踏上兔子窝就很容易骨折；马一旦骨折就成了废物，只能杀掉。二是旱獭成灾，狼没有了，旱獭跟兔子一样与羊争草，更严重的是旱獭的窝是一条条隧道式的洞穴，冬季里的这些洞穴对于蚊子而言温暖舒适，使蚊虫大量繁衍；夏天的时候，这些蚊子倾巢出动，严重危害草原居民和牲畜的健康。

事实上，生命之间更多的是一种间接的、隐性的，甚至看似神秘的共生关系。看不到、看不懂或不相信这些联系，都将影响我们的决策和行为，最终酿成不良后果。

三、共生思想的核心是分享、利他、互利、共赢

一切生命都以特有的方式共生。那么，生物间的共生关系是如何形成的呢？

来自科学家的研究给共生的思想更加强有力的支持。

2010年,《美国科学院院刊》(PNAS)第107期刊登了一篇题为《利用经济学契约理论检测共生系统》的文章。该文章由来自中国科学院、哈佛大学、多伦多大学的多个研究团队联合完成,该团队从一个新的角度解释共生关系:共生的维持靠的是和谐共荣,共生者与健康宿主间的合作关系类似于员工与雇主间的受益关系。

来自多伦多大学的学者梅根·弗雷德克逊表示:"一种叫作伙伴忠诚回馈的理论认为共生体系在进化过程中形成了健康宿主自动与共生者分享利益的机制……互惠共生体会自行筛选同类的投资者……"

经济学家E.格兰·威尔利用雇佣契约理论设计了两个测试来解释共生关系的进化,最终的实验数据表明:共生体在进化过程中形成了一种互惠互助的机制。

生态学中有一个概念叫生态位,生态位是指一个种群在生态系统中,在时间空间上所占据的位置及其与相关种群之间的功能关系与作用。它表示生态系统中每个生物生存所必需的生境的最小阈值,低于这个阈值,这个生物就活不下去了。这说到底也还是一个关系问题,换句话说,某个生物如果处理不好相关关系,其结果就是活不下去。生态位理论的本质就是共生,而学会共生的基本策略就是分享。首先,找到适合自己的位置,认识你自己,做自己,而不是一味地跟风。其次,根据自己的资源和能力优

第 3 章
生命型组织的基本原理

势,创造独特的产品与价值。再次,学会相互支持、相互补充、相辅相成、相互成就,实现和而不同、和合共生。像华为那样,上不做内容,下不碰数据,不做应用,也不做股权投资,而只聚焦主航道,不与上下游企业争利。最后,一个种群的生态位是与其所处的场景匹配的,而场景并不是一成不变的,因此生态位及其相关生命体的结构与功能,以及生命体与生命体、生命体与环境之间的互动关系也必须是动态调整、进化迭代的,有时甚至会经历颠覆与重构。

由此,我们对生命有了一个新的定义。何为生命?因共而生,相依为命,是为生命。"共"是什么?共,就是连接,就是联系;"相依"是什么?相依,就是相互支持,相辅相成。相互联系、彼此连接,方可生;相互支持,相互帮助,方有命。共生思想的实质就是:要想自己活好,必须也让别人活好。

四、人与人之间到底该如何共生

共生思想的核心用两个字表达就是分享,或者叫利他。人类的物质和精神创造物构成了人类文明,包括物质文明、精神文明,以及由此衍生出来的政治文明、社会文明和生态文明。文明就是人类生命创造物的一切价值成果的总和;也正是这些承载独特价值的创造物,作为分享与互动之物，促成了人与人之间的连接，催生了无数共生网络。

单个的人如何与社会各个方面建立联系，形成社会关系网络，构建自己的生命系统，进而展开自己的生命之旅呢？

人，如果分大类，有两类人：一类是价值创造者，他们创造各种各样的价值；一类则是价值的坐享其成者，他们坐享其成，不劳而获。那么，我们要做哪一类人呢？我想，我们的回答肯定是要做创造价值的人。人的本性决定了我们的内心深处都想成为一个有用的人，也就是一个创造价值的人。

而我们又如何做一个创造价值的人，让自己的生命不仅有长度，且更加有深度、有厚度、有广度，来度过一个有意义、有质量的人生呢？换句话说，我们如何来经营和管理自己的人生呢？

如前所述，这个世界没有一个生命体是独立存在的，生命体本质上就是一个系统。也就是说，每一个人都连接着众多的其他人和其他生命。从这个意义上讲，人本质上是一个组织，经营自己就是在经营一个组织，经营好个人与他人的关系就是经营自己，管理自己。

企业的经营，说到底是经营产品。产品的实质性内涵是价值，不包含价值的产品是垃圾，包含负价值的产品是

"毒品"。价值是什么，简单地讲就是消费者通过消费某个产品而解决了特定问题，进而由此获得的精神利益和物质利益。一个人一生的价值就是通过种种产品而给这个世界的人们以及其他生命体提供的物质利益和精神利益的总和。

所以，共生的核心是价值的创造和分享，本质是生命体的互利与共赢共荣。任何人都在一定程度上与其他生命体存在共生关系，不同之处在于：共生的广度（参与共生的生命体数量）、共生的程度（生命体与生命体之间分享、互利的程度）和共生的层次（在生命体需求的哪个层次上共生）。从这个意义上讲，生命之道就是共生之道。

五、企业组织该如何共生

组织跟人一样，其本质都是生命体，也应该遵循生命之道。任何组织，如果不能与其他组织生命体形成共生关系，其生命必定是脆弱的，也将是难以为继的。

组织作为生命体，凭什么活下来，又凭什么生存发展，兴旺发达呢？说到底，也还是凭产品。

企业，作为参与市场竞争的主体，是一个更为典型的生命体。作为生命体，企业同样以自己的产品与企业内外部发生各种各样的联系。狭义的产品给到顾客；以利润为主要价值内涵的产品给到股东；以管理授权和信任为主要价值内涵的产品给到管理层；以薪酬、福利、尊重和培养为主要价值内涵的产品给到员工；以公平合作、诚信履约为主要价值内涵的产品给到供应商和其他合作伙伴；以公平经营、竞合关系处理为主要价值内涵的产品给到竞争对手；以关心支持所在社区建设为主要价值内涵的产品给到所在社区；以解决就业、扶危救困为主要价值内涵的产品给到整个社会；以依法纳税、自觉接受监管为主要价值内涵的产品给到政府；以环境保护、生态建设为主要价值内涵的产品给到自然万物。

通过这些产品，企业创造价值，连接客户，形成广泛的社会联系和社会联盟，造就强大的生命系统。其中，员工是第一客户，而用户是核心客户。所谓核心，就是大家都围着他转，以他为导向，为他创造价值，帮他实现梦想、取得成就。但是，如果仅仅围着"核心"转悠而没有能力，或者有能力而没有意愿为他做什么，核心的地位也就无从体现。因此，我们说员工是第一客户，也就是说企业管理者首先要建立、激活和强化的联系就是企业与员工的联系，特别是管理者与员工的联系。由此出发，由内而外，不断创造、扩大、拓展和深化各个圈层联系，形成企业立体、网络、交叉的联系系统——大生命共生系统。

企业做大的过程，就是联系越来越多、越来越广泛的

第 3 章
生命型组织的基本原理

过程,企业做强、做精、做优的过程就是企业所建立和形成的联系以及联系的对象越来越强、越来越精、越来越优的过程,企业做长做久的过程就是这些与外部世界的联系不断得到良好的动态维护、优化升级的过程。

由此可见,无论是个人,还是企业组织,其共生系统本质上就是生命空间。

我们与人的交往互动是通过说什么、做什么和想什么来进行的。我们的所说、所为、所想,在哪个层次上为对方创造了价值,对方就会在哪个层次上产生情绪体验,建立情感联系,形成情感交互,并带来这个层次相应的信任、合作、投入,继而带来感恩回馈和互利共赢。

生命运行的核心机制——资源向着价值转换

一、转换——生命神奇的功能

新陈代谢就是生物体与外界环境之间的物质和能量的交换,以及生物体内物质和能量的转换过程。用最简单的一个词表达,就是"转换"。换句话说,任何生命体运行的核心机制,就是要不断地从外界环境中获取生命体所需要的各种资源。在获得这些资源之后,生命体内部就可以进行资源向价值的"转换"。这种价值可能以物质的形式存在，也可能以精神的形式存在。无论是物质还是精神，这种价值都需要分享、回馈给环境中的其他相关生命体伙伴，从而滋养和支持其他生命体，并由此维护、扩展和加强生命体与生命体之间的联系，进而维护整个生态圈和生命系统的运行，保持生命系统的生机和活力。

自然界的所有生命都在进行着资源向价值的转换。草履虫这样最简单的生命体，也要不停地获取细菌、单细胞藻类等资源进行转换。草履虫的存在一方面使水质得到了净化，另一方面为鱼类提供了食物。

二、创造与分享——转换的根本意义

企业作为一个生命系统，其运行机制更是一个典型的资源与价值转换的循环系统。企业必须不断得到各种各样的有形或无形的资源，并将这些资源高效地转换为由产品承载的以客户为中心的客户价值，以维持企业的生命系统的良性运行。

企业由"人"组成，无"人"则"止"。人是企业的核心，因此，必须以生命系统的视角看待企业，推动企业在整个生命系统中的良性价值循环，创建生命型企业，最终实现企业的基业长青。

创建生命型企业需要有效的管理，那究竟怎样才是有效的管理呢？根据传统的管理定义：管理就是计划、组

第3章
生命型组织的基本原理

织、领导、控制。但欧洲著名管理学家马利克则认为："**管理是资源向着价值的转换。**"这一定义道出了管理的本质，因为它是基于生命系统的视角来看待企业的，生命系统的存在和发展，不就是资源向着价值的持续转换吗？

所以，创建生命型企业需要共生管理思想和智慧，**生命型企业的培育和建设，务必吃透三个关键词，那就是：资源、价值和转换。三个关键词代表着三种机制。**

下面我们通过六大资本的互动运行，也就是生命系统运行图（见图3-1），来考察一下生命系统运行的核心机制以及作为其主要构成的三种机制。

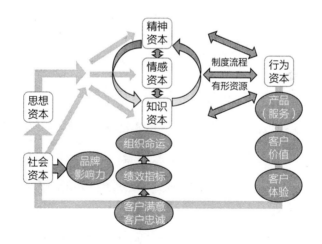

图3-1 六大资本与生命系统运行图

企业作为一个生命系统，其拥有的资源包括了有形的和无形的、显性的和隐性的一切资源。

关于六大资本，在后文中会有全面的阐释。为便于理解生命系统的运行，这里先给出六大资本的基本定义：

精神资本：指的是个人或者组织的精神系统、精神世界，核心是价值观、信仰，以及基于价值观、信仰的使命、愿景、动机。

情感资本：指的是个人或者组织的情感系统、情感世界，也就是对这个世界，以及具体的对象（人、物、事）所怀有的情感和情感交互联系的总和。

知识资本：指的是个人或者组织的知识体系、知识结构。

思想资本：指的是个人或者组织产生新思想的能力以及拥有新思想的多少。

行为资本：指的是个人或组织将知识和思想转化为行动的能力，以及所拥有的行为习惯系统。

社会资本：就个人而言，指的是个人与所处社会的人与组织所形成的联系；就组织而言，是组织内部各个方面、人与人之间，以及组织内部与外部世界之间所形成的各个方面联系的总和（联系系统）。

生命系统运行的过程就是六大资本互动的过程。六大资本你中有我，我中有你，各有所长，各负其责，相互滋养，相互塑造，相辅相成，相生相克，正因如此，生命才得以生机勃勃，生生不息。很难说哪一个资本最为重要，

第 3 章
生命型组织的基本原理

也可以说任何一个资本都是极为重要的。

三、资源机制——生命以资源为命脉

生命系统运行有三个关键词，也是三种机制，是值得我们考察和深思的：

生命系统运行的第一个关键词是资源，它代表生命系统运行的第三大机制——资源内生与输入机制。

看看非洲草原上的那些角马，每年旱季到来的时候，都要进行大规模的长途迁徙。迁徙过程中需要面对狮子、激流和鳄鱼，随时都可能危及生命，然而，为了获得食物，为了活下去，它们没有别的选择。

资源对于动物很重要，对于人类更无须多言。资源是一切生命体存续的基础和前提，没有资源，就无所谓生命系统。资源是企业的生命之基，巧妇难为无米之炊，没有资源，企业的财务绩效、价值创造等都将成为空谈，只有靠资源才能活下去，才有希望。农业经济时代，土地资源最重要；工业经济时代，资本、财务资源最重要；知识经济时代，知识资源最重要。未来，什么资源最重要？比较有共识的说法是，数据资源。

四、价值机制——生命因分享而繁盛

关于生命系统运行机制的第二个关键词是价值，它代表生命系统运行的第二大机制——价值分享机制。

生命体存在的理由和依据就是创造价值，创造价值是生命体的本性所在。生命体之所以能够共生共荣，原因是生命体不仅懂得分享，而且懂得创造可供分享的价值。生命体所创造和分享的价值的层次和结构决定了其共生系统的大小、共生关系，进而决定了生命系统的生机与活力。

以生态系统为例，生产者（如植物）将土壤和空气中的简单化合物合成为复杂化合物；消费者（如食草和食肉动物）将生产者产生的有机物变成自己身体的一部分，并将自己的尸体和粪便贡献给大自然；分解者（如细菌和微生物）将消费者的尸体和粪便分解成简单化合物，融入大自然，由此形成了一个完整的生态循环。

可以看出：共生关系实际上就是生命体共同创造并互相分享价值的循环系统。

企业，就是一个为价值创造而生的生命系统，而且它不仅需要持续地为其广义的客户提供广义的产品、创造广义的价值，还要在激烈的竞争中持续关注变幻莫测、极难伺候的客户以及他们的多样化需求。唯其如此，才能够维护、加强和提升与客户的共生关系，保障企业生命系统的良性循环。在互联网飞速发展的背景下，价值为王的时代更是严峻地考验着企业的客户服务和价值创造能力。

理解价值分享机制，还需要我们重点把握以下几点：

第3章
生命型组织的基本原理

1. 价值是什么？

就企业客户而言，价值就是企业通过产品所承载的解决方案，解决客户需要解决的问题，从而实现客户利益，并带来客户体验。这种被需要又被实现的利益就是价值，或者叫作客户价值。利益，有物质利益，也有精神利益（包含情感利益），因此，价值也有物质价值和精神价值，也可以称为外在价值和内在价值。

2. 价值从何而来？

价值由资源转换而来，资源是价值的原材料。当价值分享出去，为其他企业所用时，价值又变成了资源。资源与价值之间是不断转化的。价值有物质价值和广义的精神价值，资源也有物质资源和广义的精神资源。我们追求什么价值，就必须获取相应的资源，否则就会南辕北辙。比如说，我们不能指望用几吨纸浆来制造一辆汽车。不仅如此，价值的实现需要特定的"生产线"：不合格、不匹配、版本太低、属性不同的"生产线"，不可能制造出特定的产品，也就不可能实现特定的价值，所谓"没有金刚钻别揽瓷器活"，这里的金刚钻就是生产设备。同样一堂课，有人听懂了，有人听不懂；有人听到了知识，有人解出了风情，为什么？因为每一个人的"认知生产线"不一样，本质上是生产线里面所储备的信息不一样。理解这一点，就更能够理解六大资本经营的意义。获取资源不是目的，创造价值才是。寻求优质的三大资源的滋养，并不断地汲取这些营养也不是目的，打造并不断优化和升级我们的"认知生产线"，乃至"广义产品生产线"才是目的，而这也是对领导力的强根固本。

3. 产品决定命运，本质上是价值决定命运

价值的载体是产品。我们在前文中提出产品是衡量生命体的尺度，本质上，价值才是衡量生命体的尺度，然而，从更实际的角度来看，客户的体验才是衡量生命体的尺度，为什么？因为产品里面到底包含了什么，是不是能够真正解决问题，或者说是不是包含着足够的客户价值，在客户没有消费、没有使用之前，也就是说产品在没有被分享出去、没有给到客户消费之前，一般是不明确的，客户只有在实际使用的时候才会产生体验，产品也因此才有了价值。如果真正能够给客户带去实实在在的利益，客户就一定会产生相应的心理体验；基于体验，客户形成认知，继而形成理解、珍惜和信任的情感，以及合作、协同、追随的关系，乃至承诺、投入、奉献的行为，以致互利共赢、和谐共生的关系格局。在这个意义上，产品为王，实际上是体验为王，本质上则是价值为王。我们说"产品造命"，本质上则是"价值造命"。生命中的每一步，留下的应该是价值的脚印；生命中的每一级台阶，应

该由价值垒砌而成。

五、转换机制——生命经创造而长青

生命系统运行机制的第三个关键词是转换，它代表生命运行的第三大机制——价值创造机制。

价值的生成与转换，即创造机制，是生命之道的核心要义。

转换是企业的生存之道。转换的过程是一个资源向着价值嬗变的过程，本质上是一个价值创造过程。问题的关键在于：怎样实现这种嬗变和创造，资源怎样转换成为价值。凭借什么方式、方法和技术，什么制度、流程和机制，什么系统结构去实现？通俗地讲，是怎样的"生产线"实现了这种价值的转换？

生命现象中普遍发生着各种各样的转换。资源转换成价值，价值又作为新的资源进入到另一个转换系统变成一种新的价值，由此循环不止。转换本质上是一种能量形态转变为另一种能量形态。

当然，转换是需要条件的，需要相应的环境和机制，这种环境和机制本质上是一个系统结构。系统论思想告诉我们：结构决定功能。我们知道母牛吃草可以产奶，而公牛却不可以，为什么？那是因为母牛和公牛的生理结构不一样。

曾几何时，完全一样的两条汽车生产线，在德国和中国生产的汽车质量却相差甚大。海尔早期使用德国生产线，产品质量就是远不如在德国生产的产品，而现如今海尔冰箱的质量甚至超越了世界一流水平。

试想：这些都是为什么？这就是系统结构的问题，也就是产品制造系统中，乃至整个企业系统中，到底拥有哪些要件、元素、子系统，以及它们之间有怎样的连接方式、互动模式的问题。

在整个生产系统中，尽管生产线完全一样，甚至质量管理流程和标准完全一样，但是工人不一样，工人的精神系统结构、心理系统结构、知识经验系统结构不一样，这就导致工作态度、敬业精神、精细化程度、知识技能、工艺水平不一样，从而导致整体的系统结构差别很大。

我们知道，结构中即便只有一个要素不同，都将造成功能表现的巨大差别，甚至在要素完全相同的情况下，连接与组合的方式不一样也将造成功能表现的大不一样。只有整个系统结构的各个要素以及彼此之间的连接方式达到和谐协同的时候，功能表现才能如人所愿。

管理的核心在于构建出这样的一个结构。在这样的一个结构中，各个资源要素、人和物、有形的和无形的要素不仅丰沛、充盈，而且被充分调动和高度激活，要素间互动优良、和谐运行、协同作业。资源融合，由此衍生出我

第3章
生命型组织的基本原理

们所期望的种种成果。

这个结构，我把它称之为生命系统结构（简称生命结构）。生命结构才是真正的"生产线"——价值生成与创造系统的真相所在。

下面我们来对价值链、价值网络和生命结构的理论分别做一个解读，看看哪一个更加接近"生产线"的真相：

价值链理论是哈佛大学商学院教授迈克尔·波特于1985年提出的。波特认为："每一个企业都是在设计、生产、销售、发送和辅助其产品的过程中进行种种活动的集合体。所有这些活动可以用一个价值链来表明。"这些互不相同但又相互关联的生产经营活动，构成了一个创造价值的动态过程。价值链在经营活动中是无所不在的，上下游关联的企业与企业之间存在行业价值链，企业内部各个业务单元之间也存在着价值链。价值链上的每一项价值活动都会对企业最终创造多大价值产生影响。价值链理论揭示：企业与企业之间的竞争，不只是某个环节的竞争，更是整个价值链的竞争，整个企业价值链的综合竞争力决定着企业的竞争力。

随着数字经济时代的到来，人们逐渐认识到价值链理论的局限性，有的学者提出价值网络的概念和理论。但"网"的概念容易限制人们对于价值创造系统的想象力。

进入21世纪后，随着信息技术的发展和新经济形态的不断涌现，客户需求的多样性、多变性、异质性，以及竞争的日益激烈，加之互联网技术的迅速发展，使企业固化的价值链被打破。市场对于产品和服务的质量和交付的及时性提出了更高的要求，越来越多机构开始建立协同商务关系，并将非核心业务外包给第三方，以便更专注于优势业务领域，专注于核心资源的发掘和利用，专注于高附加值业务的扩展。与此同时，企业竞争已不再是个体与个体之间的竞争，而是围绕一系列相关价值生成群体的竞争，价值体系结构的网络化趋势日益增强。随着万物互联时代的到来，复杂的网络利益关系要求我们在对企业商业模式进行创新时必须考虑各利益相关方对企业的影响，并将企业的商业模式置身于客户及利益相关方的价值网络系统中进行综合考虑。由此，由价值链理论衍生，而又超越价值链理论的价值网络理论应运而生。该理论认为：通过整合企业内外部的信息资源，形成整体价值网络，才能提升企业的核心竞争力。企业的价值网络可以跨越多个行业的价值系统，能够兼容多维的价值创造，形成一种全新的商业模式，并以最终客户的多样化需求为导向，在不断优化和修正价值网络结构的过程中，形成企业综合性、长期性的竞争优势。

价值链和价值网络理论都研究价值生成和创造的过程，探究价值成果背后的主体、要素、环节，以及它们之

第 3 章
生命型组织的基本原理

间的联系，也就是系统结构。不同之处在于：价值网络理论较之于价值链理论，打破了比较单一、线性和相对封闭的价值思维局限，将行业内、行业间基于能力要素的合作伙伴都纳入价值创造体系中；使其在注意自身价值创造的同时，更多与其他环节、主体和要素衔接、互动和协同，并由不同环节间的互补和聚集实现价值增值和扩张的增量效应。由此可见：这种基于价值网络的商业模式本质上是对产业组织模式的一种重构，它通过对原有价值链环节的优化和重组，实现了产业整体价值的最大化，以及客户满意度的最大化，并通过资源共享与整合机制的建设，提升了整个价值创造网络的群体竞争力。

可以看出：价值网络理论对于价值生成与创造的描述高度接近真相，然而，与生命结构相比，它仍然具有形似而非神似的局限性。

生命结构，首先是一个由无数个大大小小的蜂窝状关系系统集合而成的、更加立体的、大蜂窝状的、开放的结构；其次，它是一个具有精神、思想和灵性的结构，它更具有生命的温度和情感；再次，它是有着生命活性的。

第4章

六大资本——生命型组织的核心算法

重新定义企业资源

美国著名民间机构"世界双赢研究所"在其研究报告《全球报警》中指出:"在整个人类历史进程中,获取和控制自然资源(土地、水、能源和矿石)的战争,一直是国际紧张和武装冲突的根源,谁掌握了资源,谁就控制了世界。"可见,资源对于生命、对于人类的意义。

未来最重要的资源是什么?很有可能是大数据。因为数据可以生成信息,信息可以生成知识,知识生成理论,并在这个过程当中生成模型,通过模型我们可以做出各种

第4章
六大资本——生命型组织的核心算法

各样的决策。

当然,人才的竞争始终是焦点。在未来相当长的一段时间内,特别是在人工智能等新兴产业方向,对深度学习等专业领域的人才争夺将日益激烈。以阿里巴巴为例,其大量的招聘需求主要集中在人工智能领域,虽然报酬非常优厚,但是对应的要求也很高,这样的人才并不容易找到。大量的招聘迹象显示,阿里巴巴正在全力参与这一轮全球人工智能的竞赛,而且阿里巴巴不断推出的人工智能技术,已经成为其吸引商业客户的有效因素,如智能语音交互、机器翻译、人脸识别等。而百度公司对30岁以下的优秀人才也是年薪百万起步,且"上不封顶"。

获取资源主要有两大基本途径:

一是从内部生成,也就是内部唤醒、内部激发、内部挖掘、内部转换。首先,得到内部资源的过程就是激发的过程。组织是由人组成的,人的潜力无穷大,就看管理者是否有意识和能力将其挖掘和发挥出来。

无论是资源,还是资本,本质都是能量。只有把组织内部的能量调动起来、激发出来,内生才能外化。内生的过程就是自我修炼、自我激发、自我激励、自我点燃的"内圣"的过程。每一个组织中的每一个人,都是一座金矿,都有无穷大的能量。

二是从外部获取。企业的事业要想做大必须要依靠员工和客户。只有汇聚更多的人力资源、物质资源，更多的技术、智慧等为你服务，才能做成大事业。

因此获取资源总的来说有两个基本途径：内生的过程和外引的过程。儒家讲格物、致知、诚意、正心、修身这五个环节，只有让自己强大起来，让自己达到相当的高度，然后才能做到齐家、治国、平天下。齐家、治国、平天下，无非是合理地用人和整合资源，以成就各种各样的大势和伟业。

那么，资源到底是什么呢？

我们都知道资源很重要，但是我们如何理解资源呢？资源不仅指客观存在的自然资源，人的因素也是另一种不可或缺的资源。可见，资源还包括社会资源，以及人的知识、情感、精神、思想、习惯、关系等方面，换句话说：一切能够作为价值创造的原材料或者参与价值创造过程的事物，都属于资源的范畴。

那么资源跟资产、资本是什么关系？具有增值潜能的、投入运营的资源就是资本。从企业的角度来看，我们可以直接把企业资源称为企业资本。上面说的六大资源又叫六大资本。这六大资本我们将一个个加以讨论，之后再来解读一下它们之间的关系，然后再来看生命体的运行到底形成了怎样一幅地图。

第4章
六大资本——生命型组织的核心算法

精神资本

精神资本是最重要的资本,也是我们这个社会最稀缺的资本。我们所说的精神资本是狭义的精神资本,其核心是世界观、人生观和价值观(简称"三观"),即人的信仰、信念,以及由此形成的愿景、动机、意志等精神心理资源和由此决定的一个人利他、做事、承诺和投入的程度。一个人做好本职工作,为他人做事,为祖国做事的意愿是由什么决定的?根本上是"三观"决定的。世界观决定人生观,人生观决定价值观,价值观决定了人的需求重点,人的需求重点决定了个人的动机,动机决定了个人的起心、动念。

精神资本包括个体的精神资本和组织的精神资本。个体的精神资本中最重要的是领导者的精神资本,特别是一把手的精神资本。一把手的个人精神境界即"灵魂高度",从根本上决定了组织的精神资本,但有时候一把手的个人精神资本不一定能转化为组织的精神资本,比如有些人自我修养很高,但却带不起组织和团队,因为缺少合适的方法、工具和技术手段。

要最终成就大业,其核心在于组织集体的精神风貌,也就是集体人格水平是否达到了足够高的层次。实现高层次集体人格的途径是成长。

　　信仰、价值观是组织的灵魂，有着极端的重要性，但它不是组织整个精神世界的全部。一个组织的信仰、集体人格，必然会反映到使命、愿景和动机上来。理想、信念，都是关于未来的预想。而这种想象有多重要呢？一句话：人类之所以有今天，全然仰仗于对于未来的想象能力。

　　大约在7万年前到3万年前，在非洲的智人身上发生了一场认知革命。这场认知革命使智人进化出一种全新的语言沟通方式，这是一种更高级的智能，一种基于抽象思维的讲故事的能力。这种能力使得智人不仅可以描述客观存在的事物，也可以表达主观存在，也就是想象中的事物，例如："如果我们打败山后的那个村庄，抢到的东西大家都有份。"这是一种共同想象的能力，是取得共识、建立共同愿景的能力。这种能力赋予了智人基于共识、共同愿景的共同利益合作与协同的能力。就个体而言，智人相对于动物并没有优势，但是，在组织方面，通过讲故事带来的共同愿景的引领，智人可以大规模协同作战。可以说，一个组织的共识有多大，共同愿景有多大，共同利益有多大，合作协同的程度就有多高，力量就有多大，且不仅仅是1＋1等于2。

　　下面我们从对"心"的解读入手，从几个维度来解

第4章
六大资本——生命型组织的核心算法

读精神资本的重要性,包括它如何决定我们的人生,以及背后的逻辑和原理。

一、心是什么

每个人的心灵世界都是不一样的,因为每个人的实践经历和体验都是独特的、个性化的。从这个意义上讲,社会实践是心灵的源头,心灵根本上是社会关系,即社会实践的结果。

狭义的心,就是我们的核心价值,也就是世界观、人生观、价值观,也就是如何看世界、如何看人生、如何看众生、如何看自己。这就是我们的认知。

要强调的是,要改变认知,必须首先有开放的思维,用"空杯心态"去觉察外部世界,把原来的认知抛到一边,然后有意识地观察这个世界。必须允许新的数据进入我们的意识,此刻才有可能产生对他人新的判断、新的认知。

我们童年的经历和成长中的社会训练,对我们的认知模式产生了很多限制,基于这些限制,产生了我们的认知模式,进而塑造了我们的行为。

人类的大脑是有选择性的,在感知世界时,那些真正进入我们的意识知觉的,都是被筛选过的信息。研究表明,那些符合我们的信仰、信念、价值观、偏好和渴望的信息更容易进入我们的意识知觉。

我们所看到的，都是我们想看到的。我们对事物进行观察时，通常是根据自己的观察来选择数据，然后加入自己的理解得出结论，再去调整自己对事件的看法，根据自己的观念采取行动。

所以，最终是我们的心决定了对事物的看法。我们通过判断做出选择，根据选择采取行动，由行动带出结果，诸多的结果构成命运。所谓"活在当下"，核心就是觉察当下，觉察眼前的一切是否符合自己主张的价值观，或者自己的价值观是不是需要做出调整。如果觉察到了，就会有意识地将自己原有的假设、认知和经验抛在一边，同时有目的地去观察、思考，让新的信息进入自己的意识知觉，让自己能够换个角度看眼前的事物，这样认知模式才有可能发生改变，才有可能产生新的想法和新的行动，世界才有可能改变。

如前所述，心灵从来就不是虚无缥缈的。心灵直接来源于社会关系系统，而社会关系（社会资本）是由人们的社会实践所决定的。离开人与环境的互动、脱离社会实践谈精神资本是不符合逻辑的。

二、从第一性原理中领悟核心价值的力量

第一性原理是亚里士多德提出的一个哲学观点。他指出，第一性原理是一个系统最基本的命题或假设，它不能

第 4 章
六大资本——生命型组织的核心算法

被省略,也不能被违反,找到"第一性原理"之后,再往后推演,可以保证所有结论的正确性。

如何理解"第一性"?例如市场经济,它是一个经济系统。决定这个系统运作的终极原理是什么?我们称之为"看不见的手"。这只"看不见的手"推动着市场经济的发展和运行。那么市场经济最基本的规律是什么?就是价值交换。计划经济是用权力来配置资源,拥有权力的人,根据自己的判断,决定生产哪些产品,决定资源如何配置,而市场经济则是利用市场配置资源,运行等价交换的法则,要想得到资源,就必须创造价值。因此在市场经济规律作用之下,要想活下去、活得好,就必须不断获取资源,创造价值,用价值去交换进一步生存和发展所需的资源。换句话说,如果不能够创造价值,就得不到所需要的资源,就无法生存,更不能发展。

这个价值交换规律,是经济建设的第一性原理。所以"第一性"指的就是最根本的那个"道","道"对了,后面的"一""二""三"也就全对了。

"第一性"用道家的说法,就是要学道、悟道。所谓"君子务本,本立而道生"。"务本"就是追寻事物的本源和终极原理,作为公司的管理者,要去抓住事物的本质,而不是天天盯着营业额。事物的本质有可能待在距离绩效比较远的地方。"第一性原理"就是绩效的"根本解",

因而它影响绩效的杠杆率也是最高的，然而却是我们平常人最容易忽视的，我们往往痴迷于距离绩效最近的"症状解"。

凡事都有道，做人有做人之道，从商有从商之道，婚姻有婚姻之道，交友有交友之道，对道的追求是无穷尽的，而你追求到、企及到的那个层次就是你的"第一性原理"。你必定是由此出发，继而演绎和展开你的人生、事业、婚姻等，而你在某个领域的"第一性原理"对于道的接近程度，决定了你在这个领域能走多远，能飞多高，能取得多大成就。追求"得道"，就是追求更加接近道的那个"第一性原理"。所以，要用自己的一生学道、悟道、循道、行道，也就是一生都要不断拓展、提升我们的认知，不断地冲破认知边际，让我们不断接近最真实的"第一性原理"。

三、从心性分值理论看生命运行的轨迹

日本企业家稻盛和夫被誉为"管理之圣"，他认为，人的心性是可以量化的，向上可以高到 100 分，向下则可以低到 -100 分。

心性水平不一样，人的精神境界、"三观"高度不一样，愿力、动机就不一样，做人做事的行为表现层次就相应地不一样。

第 4 章
六大资本——生命型组织的核心算法

小人做事一定是心不在焉的,因为他天天琢磨如何算计他人,挑拨离间,做人的表现就是损人利己、工于心计。所以他们做不出伟大的产品。能够做出伟大产品的人相对而言都是单纯的人,因为他们简单、专注。

庸人是用手做事,得过且过;常人是用脑做事,能思进取,做人常怀感恩;好人的状态是用心做事,因此要做到精品,必须要达到做好人的境界。

因此管理最重要的是,让普通员工变成越来越好的人,这才是我们管理者的责任。

管理,根本上就是塑造组织的集体人格。正如德鲁克所言:"管理的本质,其实就是激发和释放每一个人的善意。"管理者个人的人格、心性是组织的天花板,提升集体人格的前提是提升管理者自身的人格、心性。曾经有一段时间,德国制造是次品的代表,一些德国厂商想把产品卖到英国,但是产品质量不过关,因此就贴英国的标签,假冒成英国制造。后来英国专门制定了法律,明确杜绝了这种现象。德国人奋发图强,经过不懈的努力,终于后来者居上,使德国制造成为精品的代名词,这个过程是几乎每个伟大的国家都要经历的,中国也不例外。面对改革开放这个大的契机,我们更需要回归信仰,不忘初心。

四、从动机所处的层次洞察生命的境界与格局

心理学家马歇尔基于马斯洛的需求层次理论，提出了16个动机层次。动机是复杂的，多向度的，但是每个人在特定阶段都有相对主导的动机，而动机背后还有着深层的结构，从动机切入，可以查看一个人的境界与格局。动机是由需求决定的，而需求是由价值观决定的。价值观就是对事情的重要性进行排序，也就是一个人把什么看得最重要。价值观的背后是人生观，人生观的背后是世界观，这"三观"实际上构成了个人的心灵系统。

总的来说，人们外在所有的一切，都是内在认知、内在心灵的投影。如果投影的源头不改变，外在的局面就无法改变。国家如此，社会如此，企业和家庭也同样如此。

真正通达成熟的"三观"并不是通过学校、社会、政治乃至宗教"灌输"后沉积而成的概念，而是在实际的内在修炼中，经由自我觉醒和反思逐渐生发出来的人生智慧、价值判断与见地格局。只有这样的"三观"才能切实地改变自己，产生"内心深处的革命"；也只有如此刻骨铭心的内化，才能真正实现知行合一，进而由内向外地散发出能深入"打动人心"的领导力。

第4章
六大资本——生命型组织的核心算法

情感资本

广义的精神资本包含了情感资本。人与人之间的连接，更多的是出于情感。心理学家史蒂芬·平克指出，情感是决定大脑运行的最高机制。一旦产生对某种活动的偏好情感，它就会启动"一连串的子目标，我们称之为思维和行动。其中，思维和情感之间并无明确的界限"。也就是说，情感驱动我们的反应，而反应受制于我们的内在才干和我们进行情感投入的内在倾向。信仰的力量是无比巨大的，但是信仰必须转化为情感，才是真正驱动生命运行的"心之力"。

情感资本，对个人而言，就是指个人的情感世界，包括个人对这个世界怀有怎样的情感、建立了怎样的情感交互联系，其中有两个方面：一是你对这个世界的人和组织怀有怎样的情感；二是这个世界对你怀有怎样的情感，形成了怎样的情感交互。

组织的情感指的是组织作为一个集体所怀有的情感和所建立的情感联系。市场营销中有一个概念，叫作情感营销，讲的是利用好人与人之间的情感联系，会给企业带来巨大的力量。

我们姑且可以把情感资本叫作情商，因为情感资本更侧重反映已经形成的生命情感以及生命与生命之间的情感状态和情感交互关系。一个人对某一个对象怀有怎样的情感，就会以相应的内容和形式与之互动，对方就会产生相应的心理情绪体验并形成交互的情感互动与共鸣。

21世纪是消费经济时代，也是情感经济时代，这个时代越来越和一个字紧密联系起来，那就是"心"。情感作为重要资源，嵌入社会的各个领域，嵌入人的社会关系和社会行动当中，情感资本是社会结构的动力因素，也是社会行为的驱动因素，社会行动者总是受情感需要的驱动，与他人进行着互动，从而取得情感资源，以获得情感回报。情感是分层次的，以夫妻为例，有的夫妻结婚是基于物质的，搭伙过日子；有的夫妻互相认同，彼此都有很好的归宿感；有的夫妻能够互相理解，相互尊重，碰到困难的时候也互相支持；有的夫妻相互成就，甚至成为事业伙伴；有的夫妻能够在精神上相互滋养，在心灵上实现共鸣；最高境界的夫妻是灵魂伴侣，在价值观上相通。

那么情感究竟是如何发挥作用的呢？马斯洛将人的需求分为六个层次，每个人都有自己的心灵缺口和重点需求。现在我们大部分人的基本需求都已经得到了较好的满足，需求缺口更多地体现在尊重需求和自我实现需求上。

第4章
六大资本——生命型组织的核心算法

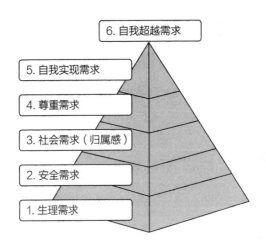

图 4-1 马斯洛需求层次理论

需求的实质是利益诉求。科学的发展、文化的繁荣、艺术的进步,都是由利益诉求所驱动的。一旦压抑了人对利益的诉求,就压抑了发展的力量、进步的力量。如果管理者无法识别客户的诉求,那么公司如何发展?如果管理者无法满足员工的需求,员工凭什么跟着他干?紧紧地抓住人们的利益诉求,才能高效地激发企业的潜能。

当人的利益诉求达到自我实现需求这个层次以上,人的理想信念就不一样了,个人理想抱负就更远大,世界观就更开阔,向着一切为众生、为社会的高度迈进,成就大企业家的境界。

由于利益诉求的层次不一样,情感层次与建立的情感交互关系也不一样。有的情感比较低俗,如酒肉之交;再往上的情感是庸俗的重利轻义；再往上则是利义并重，这是普通人的情感；再往上，是重义轻利的情感，这里的"义"指正确的价值观；再往上是大舍大义的情感。

我们在哪个层次满足他人的需求，他人就会在哪个层次获得情感体验。比如在生理上、物质上满足对方的需求，对方就会有满足感；在安全层次上满足对方的需要，对方就会获得安全感；在归属感这个层次满足对方的需要，他就会产生归宿感、认同感、存在感、责任感；在社会需求这个层次满足对方的需要，他就会产生尊重感、公平感、信任感；在价值实现层次满足对方需求，对方就会产生成就感、荣誉感、自豪感；在自我超越层次满足对方，对方就会产生使命感、意义感、神圣感等。

从满足感到意义感，越往上，需求的层次越高，建立起来的情感联系层次也就越高，而不同的情感体验带来的力量是完全不一样的。互动对象在哪个层次形成情感体验，就将在相应层次产生信任、合作、承诺、投入，继而带来互利、共享、共赢，乃至和谐、共荣和共生。

我们看一个吴起用兵的故事：

吴起担任魏国将领期间，跟最下等的士兵穿一样的衣服，吃一样的伙食，睡觉不铺垫褥，行军不乘车骑马，亲自背负捆扎好的粮食和士兵们同甘共苦。有个士兵生了毒

第4章
六大资本——生命型组织的核心算法

疮,吴起替他吸吮脓液。这个士兵的母亲听说后放声大哭。有人说:"你儿子是个无名小卒,将军亲自替他吸吮脓液,你怎么还哭呢?"那位母亲回答说:"不是这样的,当年吴将军替我丈夫吸吮毒疮,他因此在战场上勇往直前,死在敌人手里。如今吴将军又替我儿子吸吮毒疮,我不知道他会死在什么地方,因此我才哭啊。"

知识资本

知识资本主要是指业已形成的知识储备,也就是指个人或组织的知识体系,包括显性知识和隐性知识。无论是组织还是个人,都有一套知识体系。有的人说他没有什么知识体系,其实只是他的体系不够完整。没有读过书的人也有经验,经验也是一种知识,隐含在他的隐性知识体系当中,在他的意识里,如对于怎么干农活、怎么做家务、怎么处理儿女问题,他都有自己的一套理解和方法。

知识可以应用于实践,我们在实践中感悟、体会,然后形成我们的经验,进入我们的潜意识,成为隐性知识。我们将隐性知识进行挖掘、整理,也就是将隐性知识显性化,然后再将隐性知识在实践中进行提炼,这个过程是显性知识隐性化的过程。

知识资本分为显性和隐性两类。显性知识很好理解,就是体现在文档、制度、操作实施、软件系统、数据库当中的知识。而隐性知识是指隐含在我们每一个人身上的经验,以及潜意识里的知识。

知识的学习和获得受精神资本和情感资本的指引和驱动,而通过学习和实践,我们的知识体系越发扩展和深化,结构越加完善,也就是说我们对于这个世界,包括自然界和社会的认知越来越接近真理,相应地我们对于如何看世界、如何看人生、如何看自己等涉及"三观"的问题就会有更深入的看法,继而"三观"发生改变,得到提升。随着"三观"的改变,对这个世界的方方面面的态度、情感就会发生相应调整,进而行为、结果以至命运也会发生一系列的改变。

所谓知识就是力量,应该从知识改变人生的角度去理解,从知识资本对于精神资本、情感资本、行为资本、社会资本和思想资本的影响的角度去理解。如果说精神资本决定我们对世界的看法,情感资本决定我们对世界的态度,那么知识资本就直接决定了我们的行为能力和行为的有效性,直接决定了我们与这个世界互动的结果。所以,一个人、一个组织,光有理想和情怀是不够的,还必须要有知识,必须要有显性知识,而且必须要将显性知识加以实践应用而后内化为隐性知识,转化为能够实际解决问题、创造价值的能力和本领。而你有多大的本领、多强的

第4章
六大资本——生命型组织的核心算法

能力,也就是说你的知识资本到底有多厚实、多强大,都会在你的行为与结果中体现出来。例如,你的产品就是你的知识资本的高度浓缩和集中呈现。知识对于企业而言就是一个个的问题解决方案,所以,知识是产品的最基本的原材料,知识直接决定产品在解决问题方面的功能性和有效性。

一个解决问题的方案,必定是一个知识系统。知识就是力量,系统性的知识更有力量。所以,考察个人或组织的知识资本,要从系统的角度,从四个方面加以考察:

一是拥有知识的多少,是满腹经纶,还是腹内空空。

二是知识的先进性,掌握的知识是否先进,是否跟得上时代的步伐,可能稍不注意,知识就会落后。

三是知识的层次。比如数据、信息、知识、理论、智慧,就代表着知识所处的不同层次。有些人的知识不成系统,支离破碎;有的人对数据和信息的了解如数家珍,但却不能从中梳理出系统性的知识,提出自己的见解,萃取为一套理论,升华出一种智慧,这就是知识掌握的层次问题。

四是知识的结构。知识可以由多个部分构成,比如理论、原理和实践操作,或是理论、方法、工具,又或是道、法、术、器,也可以区分为显性知识(文字化、系统化、数字化的知识)和隐性知识(内隐性、经验性、难以表达的知识)。知识结构中，无论缺少哪一个成分，都可能是致命的缺陷。

知识的结构也可以指知识的学科类别，以及它们之间的关系。比如医科学生必须要学习数学、物理学、化学、生物学等基础学科，还要学习解剖学、组织胚胎学、微生物学等专业知识，然后学习内科、外科、妇科、耳鼻喉科、儿科等专科技术，最后还需要到实践中去，将知识转化为实践经验。只有经过长期积累沉淀后，形成的知识结构才算合理和强大。索罗斯曾经说过，学金融的人如果能够读点哲学、文学的书，肯定比纯粹的金融学者更有出息。管理也是这样。管理经验、管理技术和技巧都很重要。但是，真正的管理大师，会对管理形成自己的哲学思考。张瑞敏、马云、任正非等管理者都有自己的管理思想，如果思想境界不能够达到更高的层次，知识系统的结构不能实现协同的话，就很难成为优秀的管理者。

行为资本

行为资本，也可以叫作行为习惯资本。行为习惯，一是习得的，练习而成的，二是潜移默化的。行为资本是将知识转化为行为的能力，具体内涵包括以下几个方面：

一是将所学知识转化成行为的能力，特别是产生新行

第 4 章
六大资本——生命型组织的核心算法

为的能力。不行动的认知是伪认知。

二是产生具有先进性的行为的能力。让自己在行为、行动上不落后。

三是将行之有效、行之有益的行为转化成习惯的能力。唯有习惯化的行为才能成就我们的人生。

四是将一般行为能力转化为卓越行为的能力。人与人之间的不同最终都将表现在行为上，所谓平庸，核心是行为的平庸，造成平庸的习惯行为将导致平庸的人生；所谓卓越和精彩，其道理也是一样。

五是摒弃落后行为的能力。摒弃落后行为本身就是一种进步，因为它使得人的行为结构发生了改变，行为系统的功能因此改变。

六是系统性设计、学习和训练，进而优化提升行为系统结构的能力。这是一种系统地、动态地维护我们的习惯结构，使之能够与时俱进、持续优化、及时升级换代的能力。结构决定功能，一个人或一个组织的一切成就都是行为直接造就的，生命系统整体的运行状态、整体景象不是单个行为而是行为的系统结构决定的。行为是生命最为关键的"种子"。

是什么决定了行为？行为背后隐藏的道理是什么？我们说，是精神资本、情感资本和知识资本。精神和情感解决我是谁、为了谁、为谁而干、为什么要干的意愿问题；

知识资本解决怎么干的原理和方法问题；而行为资本解决如何将原理和方法落实到行动上的问题。所以，我们把精神资本、情感资本和知识资本称为三大核心资本。

人的一生不是由大道理勾勒出来的。我们常常期待着自己听到一个终极道理，能对自己的人生造成根本性改变。但听到之后不去行动，这才是普通人真正面对的问题。道理一说就懂，但并不是所有人的人生都会因大道理而发生改变。

能改变人生的从来都不是那些具有普遍适用性的道理。道理是抽象的，是具有普遍性的，但生活不是，人生从来不是一成不变的，每个人的人生都不同，人生的这一刻与下一刻也绝不相同。

每个人、每个组织的行为，无论是做事、做人、工作、交友、持家、教养，都组成了一个系统。行为和行为之间都有关联，这种关联性决定了人或组织今后会遭遇什么事情，发展的走向、态势如何，最终的命运怎样。

该怎样考察我们的行为呢？一是考察有多少行为，倘若大家都不行动就没有行为了；二是考察行为的质量高低，比如同样是做销售，有粗放型的，有精细型的，有对客户敷衍了事的，有用心服务客户的；三是考察行为的结构，也就是行为之间的关联度如何，比如销售是不是和服务进行了有效结合，是不是和培训、产品开发相结合。一

第4章
六大资本——生命型组织的核心算法

个组织里,行为之间关联得越紧密,功能就越强大。

正如美国心理学之父威廉·詹姆斯所说:"播下一个行动,收获一种习惯;播下一种习惯,收获一种性格;播下一种性格,收获一种命运。"

人格的核心构成是价值观,但人格最终要落实到习惯上,从一个人有多少好习惯,能看出他的人格是否健康。从行为和习惯中能很容易地洞察一个人的人格境界。

一本叫作《习惯的力量》的提到,我们一天当中40%以上的行为,都是依靠习惯完成的,例如对于老司机而言,开车的时候不用想什么时候挂挡,什么时候踩油门,什么时候踩刹车,这些都是自然而然的习惯行为。心理学家研究发现,决定工作高水平和一般水平的关键因素,既不在于天赋,也不在于经验,而在刻意练习的程度。每个人的行为习惯要通过刻意练习才能塑造出来。真正决定了顶尖大师和一般职员间差距的,是刻意练习的程度,而不是单纯的工作经验。有的人空有10年的工作经验,但是大部分时间里都在无意识地重复自己已经做过的事情,真正刻意练习的时间可能连10小时都不到。有的人只有两年工作经验,但是每天花费大量额外的时间做刻意练习,不断挑战自己完成任务水准的极限,用于刻意练习的时间可能会有1000小时。所以,为什么有的人工作10年,仍然不是专家,而有的人仅用两年时间,足够成就卓越表现？这背后是 10 小时和 1000 小时的差距——因为真正决定水平高低的，并不是工作时间，而是真正用于刻意练习的时间。这其中包括反思、再学习、补充新知识、向他人学习，还包括坚强的意志与持之以恒的恒心，更包括带着使命感、怀着敬畏与感恩的心态投入学习和工作，等等。

一项针对 177 位百万富翁专门进行的研究列举了他们所共同拥有的习惯：88% 的人都喜爱阅读；76% 的人坚持锻炼；有坚持早起、帮助他人等良好的习惯的也不少。这些都是行为资本。以阅读为例，一些成功的企业家都长期保持着爱读书的习惯。张瑞敏 80 岁依然一个星期读一本书，李嘉诚每天清晨 45 分钟的阅读时间雷打不动。因为只有读书才能帮助我们摆脱平庸，让我们不断进步和自我实现。

一旦有了这些优秀的习惯，我们就会延伸、演化、迭代出很多其他行为。所以从某种意义上来说，这些优秀的行为习惯决定了我们的命运。

我个人推崇和提倡，并在讲课的时候常常给大家推荐的三个重要习惯，我把它们叫作"母习惯"。之所以叫作母习惯，是因为这些习惯一旦形成就会衍生出一系列的其他习惯，形成优良的行为习惯结构，从而让我们收获美好的人生。这三个习惯：一是读书，二是锻炼，三是友好待人。

第4章
六大资本——生命型组织的核心算法

读书，即通过扩大知识面，拓展我们的认知边界来改变我们原有的思想、观点、见解和看法，从而改变我们人生的方方面面，播下各种各样的种子，而这些种子中有相当一部分会转化为我们的行为，继而形成习惯。读书，还会带来分享的冲动和能力，从而改变我们的社交状况，增强我们的自信，给我们生活的其他方面注入活力，由此形成一系列的行为习惯。

锻炼身体看似单纯，但事实上与我们生活中的各个方面都联系紧密。锻炼健身让我们更有精力，更具活力，更加自信，更愿意参与各种活动。锻炼身体也常常被作为一项团队活动，有利于我们养成积极、勤勉、吃苦、耐劳、合作、协调、自律、讲规范的行为习惯。

友好待人让他人感觉到我们的友好、善意、尊重、亲和，让我们更具亲和力、凝聚力，从而更容易与他人拉近距离，为人与人之间的合作打下基础，继而得到更多的合作机会。

三个习惯合在一起就构成一个"母习惯"组合，相互作用之下会派生出更多的习惯，形成比较完善的习惯系统。人的命运受诸多因素的影响，但是，如果从这三个习惯开始培养我们的习惯系统，则必然会让我们的人生渐入佳境。如此，我们的人生哪怕不那么成功，也一定会是幸福美满的。

社会资本

社会资本,指的是不同主体之间由于相互信任、依赖、合作、支持而形成的一种关系资源,它对于个人、企业和国家,乃至全人类均具有重要意义。就个人而言,社会资本是指个人拥有的社会关系的总和。就组织而言,社会资本是组织内部各个部分之间、组织与组织之间、组织与外部环境之间建立起来的社会关系的总和。个人方面,所谓一个好汉三个帮,一个人能成就多大的事业,取决于他能赢得多少人的支持。组织方面,譬如小米,创立仅6年,估值就达到450亿美元,它之所以短时间内迅速崛起,很大程度上是由于它精心构筑的"米粉"团,以及建立的最优零部件供应商体系等一切社会关系。

一、社会资本的本质——联系

我们与外部世界通过我们的言论、行为和思想无时无刻不发生着联系。也就是说,我们与父母、兄弟、朋友、同学、同事、上级、客户、政府、社会、自然万物等发生怎样的联系,要看我们对他们说了什么、做了什么以及怀有怎样的心念。马克思从多个角度阐述过人的本质,他在《关于费尔巴哈的提纲》中指出:人的本质是一切社会关

第4章
六大资本——生命型组织的核心算法

系的总和。每个人都身处一种社会联系中,有人的社会联系比较薄弱,只有父母和少数的亲戚朋友,而有的人却有着强大的社会联系,有成千上万认可和敬仰他的忠实"粉丝"群。所以说人与人的不同,关键在于其所构建的社会联系的不同。

组织与组织的不同,根本在于其所形成与构建的社会联系的不同。企业的强大,根本在于联系系统的强大。每个人、每个组织,除了自身拥有的少量资源外,其他全部资源均来自社会资本。华为能走到今天,它所占有的资源中属于任正非创业时带进来的少之又少,绝大部分都是企业在发展过程中所获得的。

现在,互联网连通了世界的每一个角落,使以往无法接近的两个人可以变得亲密无间。Google 前 CEO 埃里克·施密特曾说:"未来互联网将会消失,我们将会迎接物联网的时代,真正实现万物互联,万物一体。"

想象一下,这种连接将会形成多大的力量?产生多大的效果?如前文所讲,所有连接,无非都是人与人、人与物、物与物的连接,说到底都是资源的连接。连接越多,资源聚集的机会就越多,可利用的资源越多,资源利用的效率越高,价值创造的成果就越丰富多彩。

联系无处不在,而我们每个人所要做的,就是发现联系、构建联系、激活联系。与正能量的人构建联系,就能从他那里汲取力量。与负能量的人构建联系，等着你的有可能就是麻烦和灾难。所以构建新的联系需要审慎而行。

二、社会资本的构建

社会资本作为一个由联系构建起的完整系统，可以从以下四个维度加以评价：

一是建立了多少联系。联系的多少并不等于其规模，而是实质性联系的数量。比如，即使一个人的手机里有上千个微信好友，上百个微信群，也并不意味着他跟这个世界构建了多么丰富的联系。根据英国牛津大学人类学家罗宾·邓巴（Robin Dunbar）提出的邓巴数理论，个体的社交人数上限只有150人，其中深入交往的人数只能保持在20人左右。上千个微信好友，大部分都是无效社交，并不能计入联系的多少之中。

二是和什么人建立了联系。与优秀的人建立联系，会开阔你的视野，丰富你的内涵，而与丑恶的人建立联系，则会拉低你的生命境界。也就是所谓"近朱者赤，近墨者黑"。

三是建立了怎样的联系。是互相分享、合作、欣赏、支持的联系，还是互相对抗、敌对的联系？在每一段联系中，是否有人愿意信任你，跟你合作？彼此能互相承诺多少、投入多少，决定了联系的质量和水平。

四是联系之间的关系如何，联系的结构是怎样的。每个人所构建出来的这些关系，彼此之间的关系到底怎样，能否互补，能否衔接，能否有机结合在一起，能否形成系统？联系的结构越紧密、系统性越强，联系的力量就越强大。比如，一架飞机就是一个由诸多子系统和要素构成的完整系统，各子系统和要素之间有机结合的关联性越强，飞机作为一个系统的功能就会越强大。

三、社会资本的获取

社会资本可以通过以下过程来获取：

想象联系—发现联系—构建联系—拓展联系—优化联系。

首先，发挥想象力，对构建联系、获得社会资本来说非常重要。你想成为怎样的人，你有什么样的目标，你要做成哪一件事情，这些都需要发挥想象力、联想力。

毫无疑问，光有想象力自然是不够的。很多科学研究都是基于一个猜测或推理，再通过无数次实验验证才得出定理或命题的。因此，在很多看似没有任何联系的事物背后，都有着隐形的联系链条。要想揭秘这个隐形的联系链条，就要勤于思考、善于提问、大胆猜测和想象，加上总结和归纳，推理和演绎，透过现象看本质，才能发现更多的联系。

发现联系之后，要得到资源，就要想方设法去跟资源的载体和拥有者主动构建联系。只有将联系构建到一定程度后才有可能获得资源。因为不构建联系，就不会发生所期望的结果。所以说，构建联系的过程就是资源和资源相互作用、相互结合形成新的资源的过程，过程的不断叠加演变会产生一系列新的结果。经营企业也一样，一系列的结果相互转化、衍生、迭代，最终造就的是企业的昙花一现或基业长青，这都是联系产生的结果。

如何构建联系呢？比如，马路上那么多陌生的行人，能不能让他们成为你的客户呢？就得想办法跟他们构建联系，可以去搭讪、推销，或者通过共同的好友转介，使用现有的联系去构建新的联系。再比如，企业高管和 CEO 们喜欢参加 EMBA 班，这是因为培训班就是一个高质量资源的集合地，各路学员汇集到一起，形成种种新的联系，能给他们带来新的合作资源。总之，只有精心策划、构建联系，才能与对方发生联系，对方才可能把美好的心理资源、精神资源、情感资源交付于你。

最后，在构建联系之后，还要继续不断扩大、延伸、优化这些联系，想办法维持高质量的人脉资源，并通过他们去拓展新的联系，从而建立起更强大的社会网络。

四、企业的社会资本——企业生命系统的核心

"商业生态圈"是当今商界最流行的词汇之一。实质上，商业生态圈就是企业的联系系统。但是，"商业生态

第4章
六大资本——生命型组织的核心算法

圈"所表达的内涵与生命系统相比,其丰富和深刻程度还是有很大区别的。作为企业,不仅要跟投资人、管理者建立联系,跟员工建立联系,还要走出院墙外,跟客户、供应商、合作商建立联系,甚至跟竞争对手建立有形或无形的联系,并且将这些联系扩展到更大的社区、社会、国家,乃至自然万物、天地宇宙。上述联系已经超越了"商业生态圈"的范畴,然而,作为生命系统结构意义上的企业社会资本,它所包含的联系,比这还要更加立体和多元。

社会资本是一个由人组成的蜂窝状的结构,这个结构是生命系统的核心。为什么说是核心呢?因为我们定义的生命系统,不仅是人的联系系统,而且还包含了物,也就是设备、厂房、物质原材料等。因为人是生命系统的主体,而主体决定了对物质资本的选择、获取和应用,所以,社会资本对于生命系统的运行具有决定性的作用。生命系统,可以理解为一种包含了人与物、物与物等一切联系的广义社会资本。

构建联系的目的,是发现更大的主体,整合更多的资源,创造更多的价值。前文所述的精神资本、知识资本、情感资本、思想资本,源头上都来自于社会资本的联系,有了这些资源才能创造价值。我们拥有的客户资源也会参与到价值创造的过程中。有一种说法,把客户称作我们的

"准员工"。比如小米，越来越多的小米客户也就是所谓的"米粉"参与到小米的产品打造和价值创造中去。同时，客户还是我们的老板，因为客户购买产品所缴纳的费用构成了企业的资本。因此只有越丰富、越优质的联系，才越能成就更伟大的事业。

城市的形成也说明了这一点。人类为什么要建立城市？就是让更多的人聚到一起，形成更丰富、更紧密、更亲近的联系。因此，更多的资源聚集在一起，相互流动和碰撞，发生相互转换，产生越来越多的事物和行为，成就了越来越多的事业。这就是为什么城市能创造出特别丰富的产品和服务的原因。现在一说到电子产品，肯定会想到深圳、东莞这些城市，因为那里的生产厂家、供应商、产业链以经达到了非常完善的地步，任何材料、产品都很容易获得。这就是城市带来的产业集聚。

再说硅谷生态圈。硅谷是美国高科技人才的集中地，更是美国信息产业人才的集中地，在硅谷，集结着美国各地和世界各国的科技工作者达100万人以上，在硅谷任职的美国科学院院士就有近千人，获诺贝尔奖的科学家就达30多人。硅谷的科技人员大都是来自世界各地的佼佼者，他们不仅母语和肤色不同，文化背景和生活习俗也各有差异，所学专业和特长也不一样。为什么硅谷能拥有谷歌、脸书、惠普、英特尔、苹果、思科、甲骨文、特斯拉等这么多伟大的企业？就是因为它包含成就伟大创造的各种条件——一流的投资人、企业家、信息技术人才、院校、创业环境、便利的交通运输网等，这才成就了一流的企业和一流的创新。所以，如果一个公司只有三流的人才，却想成就一流的事业，理论上是不可能的。培养人才、吸引人才、尊重人才、珍惜人才，永远是我们要修的课。

五、社会资本循环

一个生命体要想运行，需要不断地获取资源，然后在内部转换为有价值的产品，再将产品拿出来分享给其他生命体，以此建立起更丰富、更强大、更紧密的联系。随着联系和社会资本的一步步扩展，再从中获取更多、更优质的一流资源，然后创造更多的价值，这就是生命系统的良性循环。

图 4-2　社会资本循环

这个循环的伊始，就是资源和价值的分享。由分享带来相互信任，在信任的基础上合作，合作带来共赢，互利共赢结成命运共同体，带来和谐共生，而和谐共生的关系会进一步推动分享。

获得利益有两种方式：巧取豪夺是一种，分享互利也是一种。每一次合作实际上都意味着双方的投入和互相承诺，只有利他才能利己，这才是做人做事的正确逻辑。所以社会资本形成的逻辑起点就是分享，一切都源于分享。

六、生命的要义——分享

什么叫分享？对"分享"最简单的定义就是：与他人共同享用，其根本上是对利益关系的处理所采取的一种态度和行为，说到底就是如何处理公与私、舍与得、利己与利他之间的关系。分享包含"回馈"的意思，与回馈形成一种良性的双向互动；也包含"分担"的意思，好的东西要分享，不好的东西要分担。

在生物界，分享行为造就共生的现象随处可见。海狸被人类称为"生态系统工程师"，为了躲避天敌，能够在水中自由活动，海狸通过啃断杨树、柳树，建造"水坝"，将温带森林变为湿地，给多种多样的生物创造了栖息地。红冠黑尾啄木鸟钻洞，将巢穴筑在枯死的树干上；林鸳鸯和加拿大雁定居到被遗弃的海狸巢穴中；苍鹭、翠

第4章
六大资本——生命型组织的核心算法

鸟和燕子享受着"人造"池塘的好处；青蛙、蜥蜴、蜻蜓、贝类等也有了栖身之处。对于人类来说，海狸水坝如同人造湿地，能够存储淡水，对防洪或者抗旱有很大帮助。

在中国，我们常讲"百善孝为先"，"孝"就是对父母的分享与回馈。《诗经》中说："投我以木瓜，报之以琼琚。"英国有谚云："赠人玫瑰，手有余香。"哲学家培根也曾说过："如果你把快乐告诉你的朋友，你将得到两份快乐。如果把忧愁向你的朋友倾诉，你将会分掉一半忧愁。"可见，分享是万善之首，是百德之先，是人类最宝贵，也是最重要的精神品质。

1. 多角度透视分享的本质和意义

人性的角度。从本性上说，人人都有"逐利性"，每个人的行为归根结底都是为了追逐自己的利益、追逐对资源的控制。中国有句老话叫作"财散人聚，财聚人散"，人与人之间走到一起都是为了利益。正如司马迁在《史记》中所说："天下熙熙，皆为利来；天下攘攘，皆为利往。"没有利益，人们走不到一起，即便走到一起，没有共同利益，最终也还是会分开。如果人们不会相互分享利益，而是将资源过度独占，或者将资源不合理地分配，其实就等于是在侵害、减少其他人的利益，由此就会带来很多冲突和矛盾，也就会与信任和合作失之交臂。控制式管理本质上是不注重分享的,因而也就谈不上什么激励,也就不可能实现德鲁克所说的"激发他人的善意",自然也无所谓领导力。人本型管理才具有了领导力的含义,尽管其本质上是"小我"导向的有限的领导力。真正能够成就一项事业的领导力一定是"大我"导向的领导力,而这种领导力是建立在更宏大高远的格局与境界之上的。

社会学角度。社会学有一个交换理论,讲的是人与人之间的关系,本质上就是利益的交换关系。具备最大吸引力的人,往往是那些能给你提供更多报酬的人。为了得到报酬,你就必须要付出代价。这个代价包含内在和外在的代价,外在的代价是物质的,内在代价的是精神的,而且我们总是尽量使我们的交往行为最大化地能带来报酬。人们都倾向于与能给自己带来利益的人交往,谁能带来自己所诉求的利益,就会倾向于跟谁交往。

社会交换的报酬包括爱、金钱、地位、信息、物质、服务六种,为了获取任何其中一个,一个人可以拿其他等值的报酬去进行交换,譬如,可以用金钱换取物质、信息和服务,同时为了得到爱,也需要付出同等的爱才行。社会学家霍曼斯在谈到社会交换理论时这样说道:"任何人际关系,其本质都是交换关系。只有这种人与人之间的精神和物质的交换过程达到互惠平衡时,人际关系才能和

第 4 章
六大资本——生命型组织的核心算法

谐,而且只有在互惠平衡的条件下,人际关系才能维系。"这就是为什么中国人非常重视"礼尚往来"这一好的传统。尽管礼尚往来不等于即时交易,但受礼的一方得在心中存有感恩,准备在未来加以回报和回馈。所以说,想要得到什么资源和利益,就必须先去分享和交换对方所需要的利益和资源,这就是对社会交换的一种阐述。

文化角度。中国儒家文化的核心精神是"仁、义、礼、智、信",重中之重的便是仁。按照儒家经典,"仁者爱人"的"仁"指的就是两个字:"忠"和"恕"。其中,"忠"指的是"己欲立而立人,己欲达而达人"。换句话讲,就是"己所欲,先施于人"。"恕",指的就是"己所不欲,勿施于人"。

2. 分享的意义

首先来看两个历史名人的故事。

(1)范蠡的故事

春秋战国时期的范蠡,被后人尊称为"商圣"。在帮助越王勾践吞并吴国以后,范蠡功成身退四海经商,辗转之间积累了惊人的财富。在经商过程中,他"富好行其德",善待合作者,对雇工慷慨,对农民仁慈,在遇到灾害的时候,主动削减地租,积极救济灾民。他的一生中历经"三聚三散",三次急流勇退而又成功崛起,成为儒商鼻祖。在经商方面，范蠡以为："夫粜，二十病农，九十病末，末病则财不出，农病则草不辟矣。上不过八十，下不减二十，则农末俱利。"也就是说，商人的利益受到损害，就不会经营粮食商品；农民的利益受到损害，就不会去发展农业生产。商人与农民同时受害，就会影响国家的财政收入。最好的办法就是由政府控制粮食价格，这样农民和商人就可以同时获利。这种利益关系的处理，在某种程度上，反映了一种对财富的分享。真正的智者，是懂得处理利益关系、懂得分享的人。

（2）范仲淹的故事

宋代的范仲淹，曾写下"先天下之忧而忧，后天下之乐而乐"的诗句，他抱有着心忧天下的情怀。范仲淹出身清贫，年轻时生活艰难，在寺庙念书时，每天煮一锅粥，把这锅粥再划成四格，每餐吃一格。他虽然过着贫困的生活，却想着将来若能出人头地，定要救济贫苦者。后来他当了宰相，位居一人之下万人之上，便把俸禄拿出来购置义田，给贫穷无田地者耕作，自己还是保持从前的俭朴生活，没有多少改变。

有一次，范仲淹在苏州买屋居住，一位风水先生盛赞此屋风水极佳，后代必出公卿。范仲淹心想，既然此屋风水能使后代显贵，那不如改为学堂，让苏州城百姓的子弟入学，将来众人的子弟都能贤达显贵，较之自己一家子弟显贵，岂不是更为有益吗？于是他立刻把住宅捐出来，改作学堂，实

第4章
六大资本——生命型组织的核心算法

现了之前穷苦时念念利益众生的夙愿。

范氏一族一直秉持着"达则兼济天下"的分享精神,范仲淹因此也成为我国历史上的一位大贤。

因此,通过分享来进一步解读社会资本的意义,就是为个人、组织和社会更高效、更广泛、更大程度地创造价值。要完成越大的使命,就需要越多的社会资源和越优质的社会联系。分享对个人、组织和社会有如下的意义:

(1) 个体的生存依赖于分享

在《大连接:社会网络是如何形成的以及对人类现实行为的影响》一书中,作者提出了"网络人"的假设,即我们是"镶嵌在社会网络上的,我们的愿望中包含着我们周围那些人的愿望"。从人类早期的进化历程来看,只有擅长合作与分享的个体才能生存下来,在地球上延续自己的基因。我们镶嵌在社会网络上,必须与他人合作,在这种合作中,自利并不总是有利可图的,与那些只关心自己的人相比,那些乐意帮助别人的个体,生存下来的可能性更大。因此,利他与合作是"网络人"的天性,利他即是利己,换句话说,人是社会关系的总和,而社会关系的维系则有赖于利他与合作,有赖于分享,没有分享,社会关系将随之解体,最终对个体以及整个社会造成巨大的负面影响。

分享不只有利于相互之间的合作,更是个体的一种内在生理需求。琳内·麦克塔格特在《念力的秘密Ⅱ》里列举了许多例子表明:在分享过程中,人体会产生相应的化学物质,这会让我们感觉良好,同时有助于延年益寿。普林斯顿大学的心理学家乔舒亚·格林和乔纳森·科恩指出:当我们遭遇或者想象有人受害时,大脑中与关爱有关的神经元网络会被激活,而在母亲注视自己孩子的时候,这一部位也会被激活。加州大学伯克利分校心理学教授达谢·凯尔特纳的研究表明:在个体行善时,心跳速度会降低,神经会放松,还会分泌更多的催产素,这有利于人体的健康,而对于婴儿而言,催产素是增强母子感情的重要激素。

总之,分享不仅对个体健康有益,而且还能在利他的同时给自己带来利益。

(2)分享为组织和企业带来回报

个体与组织间的关系是一种共生的关系,相互依存,相互成就。在企业内部,分享是激发员工潜力的重要途径。生命型企业成功的关键在于最大程度地发挥员工潜力,而不是拥有大量的资本,如土地、原材料等。传统企业往往将员工当作获取利润的工具,甚至是压榨和剥削的对象,仅将员工视为劳动力,得到的最多不过是一点可怜的体能罢了,大量的知识和经验则被浪费。而分享则能唤醒和激发员工的责任感、使命感,以至于自主性、能动

第 4 章
六大资本——生命型组织的核心算法

性、想象力和创造力，从而为公司贡献知识，贡献美好的精神，产生知识资本和精神资本。

在企业外部，分享则会赢得外部利益相关者更多的信任和在信任基础上更多的投入，所谓众人拾柴火焰高。例如壳牌公司，一个有着百年历史的大型跨国企业，全球员工不过十万多人，但仅仅是这些人，支撑了全球100多个国家和地区的所有业务，事实上，在这十万多员工的背后，是上百万，乃至上千万的利益相关者，包括采掘、运输、经销等领域，没有壳牌与他们的分享，没有他们对壳牌的信任，就不会有这样一个卓越的壳牌。

华为的成功固然是员工集体奋斗的结果，但如果用两个字总结华为成功的秘诀，那就是：分享。分享可以说是华为最原始的基因，没有任正非将98.6%的股份分享给员工的壮举，一定不会有今天的华为；没有分享，华为引进多少设备、多好的技术、多好的人才都没有用。2015年华为申请了5千多项专利，远超苹果，现在共有专利5万多项，其中40%以上符合国际标准。华为长期以来投入的研发费用达1900多亿，仅2015年研发投入就是500多亿，但如果没有分享作为逻辑起点和原始推动力，没有充分地调动和激发员工投入华为事业中的意愿，仅靠研发投入是无法产生如此大的效能的。任正非曾说："真正聪明的是十三万员工，以及客户的宽容与牵引，我只不过用利益分享的方式，将他们的才智黏合起来。"

因此，要想营造一个生命型企业，领导者必须首先具有分享的精神。领导者是否分享，以及分享到什么程度，直接影响员工的心理状态，进而影响员工的绩效水平和整个企业的发展。

（3）分享给社会带来巨大价值

当前正处于风口浪尖的一种经济形态，是分享经济，也叫作共享经济。2017年《政府工作报告》中就提出："支持和引导分享经济发展，提高社会资源利用效率，便利人民群众生活。"分享经济建立在产能过剩的前提下，由共享平台促成，鼓励每个人拿出自己闲置的资源，在物联网技术的支持下，实现物尽其用和资源的优化配置。更多的人在更多的平台上进行分享，用更多的闲置资源创造出更多的价值，使社会财富不断增长。同时，分享经济促使每个人更即时地获取最新的信息和想法，使每个人得以以指数级速度学习到最前沿的知识理论。目前，分享经济的触角已延伸到购物、旅游、出行、知识、医疗等广泛领域，爱彼迎、滴滴出行、共享单车、知乎、春雨医生等互联网应用，构成了正在兴起的分享经济的冰山一角。

2015年，我国分享经济规模约1644亿美元，参与分享经济的总人数超过5亿人，预计2020年，我国分享经济规模将占GDP的10%以上。预计未来分享经济规模将

第4章
六大资本——生命型组织的核心算法

保持年均40%左右的高速增长,有着无限的商机和可能。可以看出,分享不但能维持个人的生存和发展,更给组织和社会带来了巨大的利益和价值。

3．分享的维度

分享为什么重要?因为分享不仅是一种行为,还是一种意识、一种思想、一种境界,它是一把尺子,可以丈量一个人的精神高度、格局的宽度和情怀的深度。人的精神境界到了什么地步,他的情怀和格局有多大多深,这个人就会表现出多大程度的分享行为。如何来度量这些方面呢?

(1) 分享的高度——分享的十大阶梯

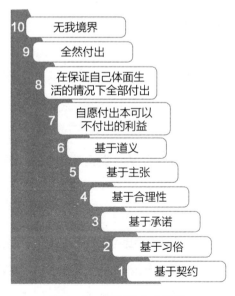

图4-3 分享的十大阶梯

通过以上这十大阶梯,可以丈量出一个人的精神境界、人生观、价值观到底处在哪个层次。

一是基于契约的分享。也就是规定的分享责任和义务是否能尽到。责任和义务的履行,就是强制每个人给出利益,正确处理利益,譬如合同的履行,对国家的纳税,就是基于契约的分享。

二是基于习俗的分享。也就是尊重习俗,按照习俗要求,付出你该付出的,分享你该分享的东西。比如在农村盖房子,有时全村人都要来帮忙,不给工资也要做。又比如朋友的婚礼或孩子的周岁,按照习俗都要到现场去随份子、给红包,这也是分享的一种形式。做不到分享和分担,其他人就不会信任你,就没办法构建起自己的社会关系。

三是基于承诺的分享。中国传统文化提倡"一言既出,驷马难追",无论是口头还是书面的承诺,只要做出了,就必须要做到。

四是基于合理性的分享。也就是既没有契约的硬性规定,也没有承诺和习俗的要求,但根据合理性,该付出的东西,还是要付出。比如企业承诺今年付十万年薪,但是今年绩效特别好,利润超出计划的三倍,根据合理性的要求,就需要多付一部分出来,以激发员工的积极性,提高对企业的信任和承诺。

第4章
六大资本——生命型组织的核心算法

五是基于主张的分享。主张不等于承诺，只是个人的想法和观点，并没有特定对象。比如一个人主张口说好话，身行好事，心存善念，他就一直秉承这个原则去做。能做到主张的原则，说明这个人知行合一、表里如一、言行一致，若能将自我主张的分享做好，让大家感受到他的善念，更能说明这个人值得信赖。

六是基于道义的分享。也就是源于社会责任的分享，比如某地遇到大的天灾，所有国人都积极扶危救困，有钱出钱、有力出力，让大爱不断传递。

七是自愿付出本可以不付出的利益，往往是超出期望的利益。最典型的例子就是任正非的分享行为。没有任何人要求他必须分享华为98.6%的股份，但他却这么做了。超出期望的分享往往能带来超出期望的回报。

八是在保证自己体面生活的情况下全部付出。像巴菲特、扎克伯格、比尔·盖茨等富豪，在保证自己有尊严的体面生活的前提下，将财富捐献给社会。脸书的创始人扎克伯格平时只穿灰T恤，开1.6万美元的汽车，住普通社区的公寓，但却在女儿出生后将99%的股份捐给了慈善机构。

九是全然付出。比如特蕾莎修女，19岁从欧洲来到印度，把一生都献给了穷人，生活丝毫谈不上体面，而是过得跟穷人一样，连获得诺贝尔和平奖的奖金也捐给了印度的穷人。

十是无我境界。全然无我的付出,没有任何自我的私念,将整个人生奉献出来。

因此,在哪个境界上分享,对方就会在哪个层次上产生感触和体验,也就会在哪个层次上回馈于你。分享的高度代表着一个人思想境界的高度。

(2)分享的宽度——分享的十大维度

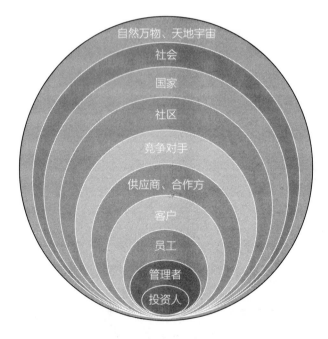

图4-4 分享的十大维度

分享的宽度,代表一个人格局的宽度。作为企业老板,第一个需要与之分享的是投资人,而后才是管理者,尤其是管理

第4章
六大资本——生命型组织的核心算法

层和 CEO。其次,是他的员工、客户。再次,是供应商、竞争对手、社区。最后,是国家、社会、自然万物和天地宇宙。一个人心中有谁,才能与他们构建起信任关系,有了关系就有了合作,有了合作就有了承诺和投入,就会带来互利共赢。然后,才会有和谐共生,生命系统才会越来越宽泛。将越来越多的能量和资源凝聚到身边,才可以做更大的事情,并在更大程度上进行分享,之后带动更多的资源,进入一个新的良性循环。分享是一种能力,一切都取决于分享者的能量有多大,正如乔布斯所说,一流人才吸引一流人才,二流人才吸引三流人才。所谓一流,指的是一流的精神、人格和思想。这些一流体现在分享上具体指,分享的维度越高,你构建的关系维度就越高。

(3) 分享的深度——分享的十大体验

图 4-5 分享的十大体验

分享的深度，就是情怀的深度。根据马斯洛的需求层次理论，需求有六个层次，在不同层次去分享，对方就会产生不同的心理体验。对方在哪个层次产生体验，就会在哪个层次上信任你，就会在哪个层次上跟你合作。比如，丈夫跟妻子分享工资，必会带来妻子物质上的满足感，跟妻子分享承诺，就会带来安全感。在不同层次上分享，会带来十大体验，分别是：满足感；安全感；归属感、认同感；尊重感、信任感；成就感、荣耀感；使命感、神圣感。在越高的层次进行分享，就会让对方产生越深切与震撼的心理体验，激发其信任和合作的意愿，并使之投入体力、脑力、情感。

4. 分享的方式

物质资源的分享，可以通过员工持股、合伙人制度、员工参与管理等来实现。员工持股现在越来越成为一种企业管理的方式，有时仅仅给员工钱是不够的，还要赋予其权力，用来吸引和留存真正优秀的人才。

智慧、知识的分享，可以通过团队的学习和对客户进行宣传等方式实现。

价值观等精神层面的分享，体现为用心做产品、用心服务，将产品的精神传递给消费者；或成立志愿者队伍，将公司的理念传达给社会等。

下面我们一起来解读几个注重分享的企业案例。

第4章
六大资本——生命型组织的核心算法

案例1　华为的股权和价值观分享

截至2016年年底,华为员工总数是17.6万人,而它的员工持股制度目前已经覆盖到8万多员工。一方面,公司给员工进行分红;另一方面,未分配利润转增股本后,按每股净资产定价实现股价增值。公司董事会设计了饱和配股制度,为每一个级别规定了配股的上限,每个人都有股票持有上限,要想多购股,只能不断往上晋升。这种饱和配股制度带来的结果是:老员工的股票不断被稀释。最典型的也是被稀释得最厉害的例子,就是任正非本人。按2012年华为财报公布的数据,任正非的持股比例是1.42%。找遍世界,也找不出第二家公司创始人只持股1.42%,还能够对公司保持控制权的。这已对西方基于股权比例来决定控制权、投票权大小的规则构成了挑战。华为的员工持股,准确地说其实就是一种利益分享。

精神和价值观层面的分享也是任正非十分擅长的。他对员工的分享不仅体现在财务即股权方面,还体现在思想层面。自20世纪80年代华为成立至今,他接连不断地写文章,实时与内部员工分享,目前公开发表的已有上百篇,从以下语录摘录中便能窥见一斑:

任正非内部文章语录:

- 我认为出身贫寒并不羞耻,而思想与知识贫寒,出身高贵

也不光荣。——《我的父亲母亲》
- 不经磨难，何以成才。——《致新员工书》
- 从来就没有什么救世主，也没有神仙皇帝，要创造美好的明天，全靠我们自己。——《胜利祝酒辞》
- 世界留给我们的财富就是努力，不努力将一无所有。——《资源是会枯竭的，唯有文化才能生生不息》
- 过去人们把创新看作是冒风险，现在不创新才是最大的风险。——《华为的红旗到底能打多久》
- 危机是什么？危机就是我们还不知道危机在什么地方，或者我们感觉不到危机。——《任正非总裁答新员工问》
- 世界上唯一不变的就是变化。——《不做昙花一现的英雄》
- 想把别人消灭、独霸世界的，最后都灭亡了。华为如果想独霸世界，最终也是要灭亡的。——《以客户为中心，加大平台投入，开放合作，实现共赢》
- 什么叫幸福，人生攒满了回忆，就是幸福。——《从汶川特大地震一片瓦砾中，一座百年前建的教堂不倒所想到的》

任正非正是通过这些话语和文字的分享，向员工积极转达他的价值观——艰苦奋斗，有危机感，坚持创新，坚信未来的美好，以此来鼓励和激发员工的上进心，凝聚起一支吃

第 4 章
六大资本——生命型组织的核心算法

苦耐劳、敢拼敢闯的高素质员工队伍。

案例2　信誉楼"切实为他人着想"

把顾客当朋友、不搞促销、可无理由退货、不吃供应商回扣、不拖欠货款、员工收入不与营业额挂钩、节假日休息让同行多卖货、七千余名星级员工持股享受分红……于1984年创立于河北省黄骅市的信誉楼,凭借"切实为利益相关者着想"的理念,三十多年来在改革浪潮中和电商冲击下屹立不倒,反把一家县城小卖场发展成拥有29家连锁店、总营业面积40余万平方米、拥有3万余名员工的大型百货集团。

信誉楼的创始人张洪瑞,在信誉楼开业之初就定下了"以诚待人,以誉取信"的经营方针。三十多年来,他一直对待员工如家人,对待客户如亲人,对待利益相关者如友人,将"员工健康快乐,企业健康长寿,成为世界知名的基业长青企业"作为企业愿景,将"追求价值最大化,而不是利润最大化"的价值观在企业内部广为传播。

为员工着想:2001年,信誉楼新的股权设置方案颁布:全部实行岗位股(不同的岗位授予不同的股权),不允许继承(包括创业者),不允许个人控股。信誉楼享有股权的员工约占30%,2016年,张洪瑞的股权份额已降至1%。尽管信誉楼是张洪瑞个人筹资创办,但当他退居二线时,没有交班给任何一个子女,而是由董事会民主投票，选举出了一个新的领导集体。

为顾客着想： 很多百姓喜欢在信誉楼购物，因为可以"无理由退货"。无论何时、无论什么原因都能退。2014年，信誉楼18家店的退换货接待处共受理25万人次退换货，造成750万元损失。但根据信誉楼的统计，退换货数额最多的分店，也是销售额最多的分店。退换货接待量最大的信誉楼黄骅店，2014年纳税额是5600万元，而它只是一个县级市的一间普通商厦，营业面积仅一万平方米。直到现在，信誉楼的每一个员工也都以诚信为本，商品质量严格审核、合理加价，并从顾客需求角度推荐商品，真正做到"物美价廉"。这些都为信誉楼赢得了广泛赞誉。

为供应商着想： 信誉楼自创办起，就规定了跟供应商合作的"四不准则"：不拖欠货款，不转嫁风险，不收受回扣，不接受吃请。四不准则给供应商吃了定心丸，使供应商可以全身心投入到提高商品质量上来。以"诚信"作背书，企业周转效率大大提升，市场、信誉楼、顾客和供应商就形成了良性循环，很多供应商会把优惠的政策留给信誉楼。

为同行着想： 在信誉楼对市场的理解中，同行不是竞争对手，而是竞争伙伴。因此，信誉楼本着与同行共同做大市场的思路，努力营造一个良好的生态环境，不搞恶性竞争，不打价格战，不搞打折促销，对自身的经营模式、管理心得，主动倾囊相授，甚至把商品的加价率告之同行。周边有

第 4 章
六大资本——生命型组织的核心算法

新商厦开业，信誉楼像自己开业一样挂条幅祝福。信誉楼每天只营业到下午六点半，除周末外，所有节假日关门歇业。张洪瑞说："信誉楼不会挤压同行的生存空间，更不追求把同行打垮，所以把晚上、节假日的黄金销售时间让给同行。"这样做不但没有影响信誉楼的销售业绩，反而是信誉楼开到哪座县城，哪里就形成繁华的商圈，围绕信誉楼会出现一批小店铺。由于商业环境良好，形成了"洼地效应"，凡是有信誉楼的地方，都成了当地的商业中心，郊区及周边各县的顾客都会被吸引过来。

正是凭借博大的胸怀和格局，通过对物质资源和价值观的分享与传播，对"个人利益"或"小利益"的舍弃和对"最大层面价值"的追逐，信誉楼将整个生态圈的一切关系都疏通理顺，营造出一个良好的生态环境，这才使得信誉楼在商界和顾客群中越来越受人们欢迎，使其迈着坚实的步伐向"百年基业"一步步迈进。

由此可见：社会资本在整个生命系统的运行当中有着无与伦比的重要性。如果精神资本是第一资本，社会资本则是源头资本，好的社会资本犹如三江源头，活水流长；犹如优质的生态系统，滋养着万事万物。正是从这个意义上讲，社会资本本质上就是我们个人和组织的生命系统，对生命起滋养、维护、生发、演化的功能。

思想资本

什么叫思想资本？就是产生新思想的能力、拥有新思想的多少，也就是能看清事物和现象的本质，能洞察过去和未来，从而产生独特见解的能力。

思想资本表现为新的见解、新的看法、新的观点、新的创意、新的理论、新的智慧。在一个组织中，这些新思想会分别注入精神、情感、知识系统，然后转变为新的路线、方针、政策，继而转化为新的工作思路、制度、流程、方法、举措，进而产出新行为、好产品、好服务、高绩效和新的局面。这个有生于无的过程，源头就是无形的思想。所以，我们也可以将思想资本叫作母资本。

托马斯·A.斯图尔特的《软资产》一书以振聋发聩的气势指出："思想就是资本，其他的不过是资金而已。"梁启超高度重视思想的力量，对于它的价值、作用予以充分的肯定。他指出："思想者，事实之母也。欲建造何等之事实，必先养成何等之思想。""思想自由之门开，而新天地始出现矣。"梁启超将思想视为孕育、开创工作的新局面，推动社会发展与国家进步的原动力（母体），对思想的价值给予极高的评价。

行动源于思想，社会发展与进步的活力来自永不枯

第4章
六大资本——生命型组织的核心算法

竭、创新求变的思想。只有高度独立、开放的精神空间，才能生长出富有智慧与活力的生命之树，结出丰硕的文明之果。人类社会发展的道路是曲折而漫长的，人们只有在永不停顿的思考和探索中，才能卸下精神上的包袱，勇于挑战自己，超越前人，征服困境，不断开拓前进，实现由必然王国到自由王国的飞跃。这就是思想的价值与力量。由此可见，追求思想解放，对于谋求社会变革与进步的人们来说是一个永不枯竭的话题。

如果说精神资本是资本之最，社会资本是资本之源，那么思想资本则是资本之母。思想资本与其说来自实践，不如说来自社会资本所造就的生命体的一切联系，也就是说，社会资本锁定我们的一切，而首先锁定的是我们的思想，即我们的观点、见解、看法、创意、理论和智慧。而之所以将思想资本称为母资本，是因为思想资本的一切成果，无非是关于如何做人、如何待人和如何做事的，这些成果将分别注入我们的精神资本、情感资本和知识资本，使三大资本得以不断补充更新、动态维护，并使行为资本得以改善提升、与时俱进，后者再使广义产品得以优化升级、价值跃升并使社会资本得以动态维护，日益强大。如此，生命系统才能生机盎然、生生不息。

阐述至此，六大资本之间的联系概括如下：首先，精神资本、情感资本、知识资本是六大资本的内核，坚定的理想信仰有助于培养我们的情感，推动我们持续学习，这三大资本之间可以相互转化；其次，精神资本、情感资本和知识资本塑造了个体的行为，因而影响行为资本，但行为资本会产生绩效等结果，这种结果直接影响和塑造社会资本，同时也会反过来生成和充实精神资本、知识资本和情感资本；不断扩展和优化的社会资本为我们的思想补充源源不断的原材料，让我们的思想意识不知不觉地被潜移默化，甚至有时会有醍醐灌顶之感。而产生的新的思想，新的思想成果不断地补充到精神、情感和知识这三大核心资本之中，进而推动行为优化和提升，而与此同时这三大资本也会反作用于思想资本，从而影响思想的运作和思想成果的质量。如果说精神、情感和知识这三大资本是核心资本，那么思想资本可以说是母资本，这四大资本构成生命的核心软件，或者叫作底层操作系统，包含了整个生命系统运作的核心算法。行为资本可以说是关键资本，虽然说四大资本从根本上决定了行为资本经营的方向和属性，但是行为本身也是需要自觉修炼的，而且它能够反作用于前四大资本。社会资本可以说是源头资本，先天而来的社会资本是生命体展开的源头，而后天塑造而成的社会资本同样是生命体进一步展开的再出发站点。生命体的展开就是这样，要么是良性循环，要么是恶性循环。前者让生命走向灿烂，后者使生命走向凋敝。

第 5 章

客户价值——生命型组织的大厦脊梁

创造价值——生命体存在的理由

生机勃勃的大自然是由无数个生态系统组成的。每个生态系统中的动物、植物、微生物等都扮演着重要的角色，都要贡献自己独有的价值才能维持整个生态系统的平衡，从而保证自身的生存和繁衍。以植物为主的生产者，要吸收阳光、空气、水、无机物等，生产富含能量的有机物，为消费者和分解者提供养料；以动物为主的消费者以有机物为生，数量众多的消费者在生态系统中传递能量，加快了能量的流动和物质的循环；以微生物为主的分解者，将各种无生命的有机质分解成可以被生产者直接利用的无机物，完成生态系统中物质的循环。每个生命体的产物都是有价值的，每个生命体都在用自己的产物去滋养其他生命。

人又怎会例外呢？前面我们在论述社会资本时，引用了马克思关于人的本质是一切社会关系总和的观点，其实，马克思是从多个角度揭示人的本质的。在《1844年经济学哲学手稿》中，马克思提出了劳动是人的本质的观点，而在《德意志意识形态》中又提出了人的需求即人的本质的观点。事实上，这三个观点是三位一体的：人为了满足自己的需求，就必须劳动以创造价值，而为自己创造的产品往往并不能满足自身的全部需求，所以就必须通过交换获得更多的资源和价值，为此就必须创造用于交换的产品和价值。由此，价值的创造和交换成为人与人之间的基本关系，人也由此被塑造。同时我们也可以看出，人与人之间的不同，与其说是其所构建的关系的不同，不如说是所创造的产品和价值的不同。

歌德曾经说过："你若要喜爱你自己的价值，你就得给世界创造价值。"也就是说，人生在世，要想让自己活得有意义，就要给社会创造价值。所谓人人为我，我为人人，也是这个道理。从根本上说，只有创造自我价值，将自我价值分享出去、回馈出去、布施出去，才能够建立数量更多的，更加丰富、紧密、强大的连接，使得更多的生

第 5 章
客户价值——生命型组织的大厦脊梁

命共享你的自我价值,从而实现自己的人生意义。从人类社会发展的总的过程和趋势来看,个人向社会贡献的价值越多,社会就越进步,社会对人的需要的满足程度也就越大,社会本身也就更加生机勃勃。因此,人生活的意义在于价值的创造与分享,在于价值的回馈与奉献,在于社会价值与自我价值的统一。中国古代也有类似的说法,思想家墨子曾说:"赖其力者生,不赖其力者不生。"也就是说人类依靠自己的力量,靠勤劳努力创造价值就能生存,否则就不能生存。

对企业来说,正如德鲁克所说,"企业存在的唯一目的就是创造客户"。创造客户,创造市场,本质上都是创造价值,也就是创造客户价值。这里的"客户价值",广义地说,不仅包括给使用企业产品或服务的客户带来的价值,也包括为内部客户(企业员工)、股东、供应链上下游,乃至社会、国家、自然万物创造的价值。一个企业只有能够为它的广义客户创造价值,才有存在的必要;反之,一个只会消耗社会资源,却无法产生社会价值的企业注定要灭亡。从地区和国家发展来看,只有当一个地区的大多数企业都能够创造价值,这个地区才能充满生机。

任何生命体的存在,都必须要创造价值。生态系统中每个角色都要创造价值,否则生态系统会崩溃,最终导致自身的灭亡。人在社会中有各种各样的角色,扮演什么样的角色，就要创造什么样的价值，不创造对应的价值，这个角色就灭亡或者名存实亡了。价值是人存在的唯一理由，对组织也一样。

所以，无论是对生物，对个人，还是对企业，创造价值都是生机之源、生命之本。

价值的哲学思考

"价值"是一个司空见惯的概念，很有必要对它进行详细的解读。

价值的定义在哲学上争论纷纷，意义说、情感说等都有其侧重点。德国哲学家李凯尔特认为，价值就是事物的意义。罗素、艾耶尔认为，价值是情感的表达，客观上不存在价值。舍勒认为，价值是一种纯粹的事实，是客观的、绝对的。马克思则认为"价值"这个普遍的概念是从人们对待满足他们需要的外界物的关系中产生的。

尽管哲学家们争论不休，但简单地讲，价值就是客体满足主体需要的一种关系。以保险产品为例，价值就是保险产品满足客户需要的一种关系。首先，客户存在着客观的风险管理的需求；其次，保险产品能够满足客户的风险管理需求。在这两个条件下，保险销售能够做到用产品满足客户的需求，这就产生了价值。

第 5 章
客户价值——生命型组织的大厦脊梁

这其中有三方面值得注意,还是以产品销售为例。一是价值的形成源自主体的需要。保险客户客观上存在着风险管理需求,存在着对便捷、公平、互相尊重的保险服务的需求,因为有这些需求,保险产品才能产生相应的价值。二是价值形成的条件是客体要具有满足主体需要的属性。这就要求产品和服务要具备满足客户需求的属性。客户需要风险保障全面的产品和便捷、透明的服务,如果产品或服务无法满足客户的需求,那即使销售出去了,也没有价值。三是价值形成的实质是主客体之间需要与满足关系的不断生成。也就是说价值的产生需要主客体之间产生联系,通过不断地销售满足客户需求的产品,公司就能够不断地创造价值。

客户价值的深层结构

正如德鲁克所说:企业存在的唯一目的就是创造客户,也就是创造客户价值。那客户价值是什么?客户价值 = (为客户创造的产品效用 + 获得产品的过程的服务) / (购买产品的价格 + 获得产品过程中所花费的其他成本)。

值得注意的是,公司创造的客户价值,不仅仅指物质价值,更包括精神价值。实用、功能性的价值很好理解,如面包用以果腹，饮料用以解渴，容易被忽略的是产品或服务给客户带来的精神价值。精神价值是指客户从产品或者服务中得到的心理上的愉悦、满足、享受，甚至是美的体验。这里面包含两个层次，一是情感体验，二是精神升华。

情感体验是客户在获得产品或服务过程中的得到的尊重感与满足感，是产品或服务的内容或者形式给客户带来的感动、宣泄、共鸣等。海底捞的火锅固然好吃，但真正让海底捞开遍全国的秘诀还是它给客户带来的情感体验。海底捞无微不至的服务所产生的情感体验是海底捞给顾客带去的价值的重要组成部分，甚至是关键的一部分。

精神升华更多地指的是产品（服务）给客户带来的价值观、生活态度和生活方式的认同，是超越物品本身的美的体验。越野车除了驾驶性能外，更多地带给客户的是勇敢探索、永不服输的价值认同；舒适的沙发除了本身的功能外，还能为客户在一定程度上提供一个减轻压力、减少不安全感的场所；自己组装的家具除了家具本身的功能外，也给客户带来了自己动手的成就感等。好的产品不仅可以引发客户的精神共鸣，而且能够启发和唤醒客户的心灵，给客户带来精神成长，继而给社会的精神文明注入正能量，促进其进步和发展。

以保险产品为例，保险产品本身的功能就是一种效

第 5 章
客户价值——生命型组织的大厦脊梁

用，客户在获得保险产品的过程中得到的体验也是一种效用，比如方便、快捷、公平、尊重、透明的服务等。客户购买产品的保费，以及获得服务过程当中所花去的其他成本，如打车费用、时间等，甚至包括在获得这个服务的过程当中各种形式的心情不愉快，这些都是成本。客户价值就是你提供给客户的利益，也就是性价比，（物质利益＋精神利益）／（物质成本＋精神成本），就叫性价比。

保险产品的客户价值怎么理解呢？保险通过运用科学原理、方法和技术的机制设计和安排为客户提供了风险保障。客户所得到的不仅仅是物质的利益和保障，更有在购买保险之后心灵上的稳定感和美好的预期。

那么保险产品的价值来源是什么呢？保险产品属于服务产品，有三种形态：首先，保险产品是知识产品。它包含保险标的的知识、精算知识、风险保障知识、风险管理知识，还有跟客户互动的过程中给客户传递的知识等，保险产品本质上是一个风险管理的解决方案，是一个知识体系。其次，保险产品是情感产品。它包含着保险企业及其员工对客户的情感认知，例如对于客户的感恩、尊重、敬畏之情。再次，保险产品是精神产品。企业和员工所秉持的，内心真正拥有的信念、信仰、使命、愿景和动机，例如管理者在管理岗位上工作的动机、销售人员的从业动机等，都必然反映到服务的互动中去。

所以就保险产品来讲，忽视培训，忽视员工的学习和成长是最大的错误。一旦员工没有有效的知识，没有美好的、健康的情感认知，就没有成就客户、成全客户的职业理想和起心动念，那么在跟客户互动的时候，就必然会带给客户不良的体验。

保险销售的过程就是用公司和销售人员的专业素质与综合知识底蕴，以从业者的情感世界和精神人格，去与客户进行互动，并将其融入服务产品的过程。因此，销售人员应该有相应的知识储备、人文情怀和精神境界。只有对员工进行足够的培训，更重要的是必须保证导向正确、积极健康、蓬勃向上、有利于激活员工向善向好的人性潜能的组织环境，才能让员工有足够的精神资本、情感资本和知识资本，否则很可能会误导客户、夸大宣传。

客户价值的重要性无须多言，在服务利润链中就可见一斑。服务利润链是一个链条：对内，把员工当客户，进行人文关怀、制度管理等，让员工满意；对外，凭借员工创造的产品或服务产生价值，让客户满意和惊喜，从而成就企业的生存和发展。

第 5 章
客户价值——生命型组织的大厦脊梁

价值为王的时代真的要来了

创造价值是生命体的立足之本,所以未来的时代,就是价值为王的时代。人们崇尚的是价值,是创造和勤勉;崇尚的是专业主义和工匠精神。一切资源的流动将随价值创造的导向转移、分布,一切资源将聚焦于价值创造。在价值为王的时代,创造价值者生,不创造价值者亡。

随着互联网经济的崛起,价值导向将更加受到重视,价值规律的作用会更加突出。在未来万物互联的环境中,信息更加对称、资源分配更加合理,人们只能勤奋、敬业地工作,企业也只能提高产品和服务的质量,以创造更多的价值才能生存得更好。

价值实现的真谛在价值创新

价值本质上是对需求的满足,也就是说,想要更多地创造价值就要去满足更多的需求。这里面包含两个意思,一是努力将产品或者服务做到最好,在当前行业内,与其他企业直接竞争,获得更多的需求;二是洞察客户需求的变化和升级去开辟全新的市场,创新或者发掘行业外的需求。前者是选择在红海中进行肉搏式竞争,而后者是选择在蓝海中开辟一番天地。法国的两位教授 W. 钱·金和勒妮·莫博涅通过对全球 30 种行业的 30 余家高成长企业的研究，解释了蓝海战略的奥秘。

红海用来描述充满激烈竞争的已知市场，蓝海指的是尚未开发的市场空间。相比于红海中的血腥竞争，采用蓝海战略的企业不再只着眼于竞争，而是力图使企业和客户的价值出现飞跃。在蓝海战略中，企业能够跨越现有竞争的边界，全方位地审视替换行业及互补行业，通过重新组合或重建边界，来开启巨大的潜在需求。所以蓝海战略更多地将视线从市场的供给方转移到了需求方，关注需求、思考需求、创新需求，最后满足需求，从而创造更多价值。因此，采用蓝海战略的企业往往能利用较少的投资，获得较高的收益和高额的利润。

蓝海战略的基石是价值创新。红海中的企业只着眼于价值，寻求通过差异化或者降低成本来增加产品（服务）的吸引力，而蓝海战略则不同，蓝海战略着眼于"价值"和"创新"两方面。同时追求"差异化"和"成本领先"。所谓价值创新，产生于企业成本结构和客户价值同时正向发展的交汇区域。也就是说，当一个企业行为既降低了成本，又增加了客户价值，就形成了价值创新。一方面，企业通过取消或者压缩某些竞争因素来节约成本，另一方面，价值创造的规模效应也会使得

第5章
客户价值——生命型组织的大厦脊梁

成本进一步下降。

价值创新的重点既在于"价值",又在于"创新"。在没有创新的背景下,价值的焦点是规模扩张型的"价值创造",它提供了价值,但并不足以使企业超越市场。在缺乏价值的背景下,创新往往是技术拉动型、市场推广型的,或者是理想主义的,即忽略客户是否愿意接受并支付相应的价格。只有价值与创新并重,才能发现蓝海,创造商业神话。

第6章

"场"与"熵":治理生命型组织的密钥

前文分别解读了资源生成与获取机制和价值分享与回馈机制,本章重点阐释价值转换与创造机制。转换,是指资源向着价值的转换,但资源本身也存在转换的问题,价值和价值之间也在进行着转换。可以说,生命系统就是一个转换系统,存在着内部与外部的转换,上游和下游的转换,有形与无形的转换,隐性和显性的转换,等等。它们本质上都是能量在不同形态、不同组合间的转换。所以,本章在重点解读资源与价值转换的同时,将力图清晰地呈现整个生命体运行的图景。

生命系统的结构决定着生命系统的功能,也就是说系统中都有些什么东西,这些东西的属性以及这些东西之间

第6章
"场"与"熵":治理生命型组织的密钥

具有什么样的联系,决定了这个系统会发生什么,带来什么,发展趋势如何,如果不加改变,结局将会怎样。

下文我们将以"场"理论、"熵"理论的视角来解读转换与创造的奥秘以及能量场治理的方法。

场理论

让我们先以热带雨林为例,找找"场"的感觉:

亚马孙热带雨林是世界最大的森林系统,森林茂密,动植物种类繁多,有"世界动植物王国"之称。这个王国的生成,正是多种因素共同作用的结果。

降雨方面,丰富的雨量使森林生长得特别茂盛。亚马孙流域的热带雨林大半位于巴西,这里雨量充沛,加上安第斯山脉冰雪消融带来大量流水,每年有大段时间雨林大部分被洪水淹没。

亚马孙雨林蕴藏的木材占全世界木材总蕴藏量的45%,林木种类密度是欧洲或北美同类型森林的15倍。

亚马孙雨林生物物种占全世界总数的1/5,植物种类和鸟类各占世界总量的一半,淡水资源占世界总量的18%。亚马孙河里有2000多种淡水鱼,是人类非常珍贵的生物资源宝库。亚马孙平原的野生动物种类非常繁多,而且数量巨大。

正是因为具备这般多样性，亚马孙河流域的生命系统才呈现出活力和生机。由此联想到我们的组织，组织应该怎样才能欣欣向荣、繁荣昌盛和基业长青呢？这里面有什么规律值得我们去探寻呢？

管理，与其说是管人，不如说是管人的关系，这个"管"实际上是理顺、编织、丰富、扩展和优化人与人的联系或者说是连接；而由人与人的连接，带来人与物、物与物的连接，从而构成各种无形资源和各种有形资源之间丰富多彩的连接，继而这些资源之间不断接触、互动、碰撞、交汇、融合、聚集、分化、组合。不仅各个主体因此能够得到各自的生存和发展所需要的资源，而且能够得到成就各种计划和目标所需要的条件。这种情形就如同上述亚马孙热带雨林一样，不仅开放、包容、多元，而且生命体之间互利共生，共享共荣。

对于"场"的解读，一个关键词是"结构"，结构是各子系统或元素之间通过功能耦合而成的网，即结构是系统各要素间相互作用的方式。

做管理，实际上就是要编制、构造出这样的一个结构。关于结构，我们听得最多的例子就是碳元素的两种同素异形体——金刚石和石墨。这个例子告诉我们结构决定功能实质上就是关系决定功能。

金刚石晶莹美丽，光彩夺目，是自然界最硬的矿石，

第6章
"场"与"熵":治理生命型组织的密钥

除用作装饰品外,还是重要的现代工业原料,价格十分昂贵。石墨乌黑柔软,是世界上最软的矿石之一。同样由碳原子构成,性质差异却如此之大,原因就在于碳原子的结构不同。

结构的不同,导致功能的不同;结构的改变会导致功能的改变。这种改变可以是结构中的要素发生改变,比如数量、属性等的变化,也可以是要素之间连接与互动方式的变化。例如,一个企业进行组织结构调整,由原来的多层级管理改变为扁平化管理,要素没有变化,而连接方式发生了变化;又如,一家企业只换了一把手,看似没有什么大的变化,但实际上两年以后这家企业发生了巨大变化,其原因在于这个新任的一把手管理风格与上一任截然不同,一个是民主作风,一个是专制作风,两种作风显然对应着两种不同的上下级互动方式,进而对应着不同的连接方式、不同的互动效果。

这些例子告诉我们一个非常重要的道理,也是一个基本的法则,那就是:结构决定功能。结构决定功能实质上就是关系决定功能。

生命体的发展之道是转换之道,生命系统的核心功能就是转换,组织管理亦是。

为了全面而深刻地理解资源—价值转换机制,进而精准把握生命体运行的核心机理,下面我们将对勒温的场理论、场及生命场的定义、生命场的五化效应、生命场的本质等方面做一个详细的解读，期望能够拓展和深化我们对"场"运行的本质和规律的理解。

一、勒温的场理论

社会心理学之父勒温认为，一个人的行为取决于个人和他的环境相互作用的结果，即：

$$B = f(\underbrace{P, E}_{\text{关系的性质}})$$

员工行为　个人特性　组织环境

做管理，环境中重要的因素有物、有人，而人的因素无疑是更重要的。那么，人的因素当中，什么最重要呢？我们认为，领导的因素最重要。也就是说，领导者的管理行为是最重要的。能够直接影响员工的是管理行为，是每天领导者说了哪些话、做了哪些事，批评了谁、表扬了谁，或者提拔了谁、处分了谁等，实际上领导者是在用这些管理行为释放能量，跟所有的员工进行直接和间接的互动，从而员工会做出积极或消极的反应。

那么，员工依据什么对领导者的管理行为做出这样或那样的反应呢？实际上就是依据关系，也就是依据领导者与员工到底建立了什么样的关系：如果建立的是信任的关

第6章
"场"与"熵":治理生命型组织的密钥

系,员工就会采取与领导者合作的态度,并做出积极的承诺和实际的投入,继而产生互利和共赢的良性互动。信任的程度决定合作的强度,继而决定投入的程度,进而决定和谐与共生的水平和层次。假如我们把信任分为半信半疑、认可、信任、高度信任和忠诚五个等级,那么对应的合作强度就是尝试合作、消极配合、合作、密切合作、高度默契。相应地,投入程度、和谐程度、共生水平也与之对应。

可见,领导者和员工之间的信任关系是多么重要。那么,信任关系又是怎么来的呢?其实就两个字:分享。也就是说,分享决定了信任。分享的层次决定信任关系的程度。前文已经对分享的重要性做了阐述。分享本质上是对利他和利己的关系的处理。领导者所有的管理行为,乃至跟企业和员工有关的一切行为,都是分享(包含分享的反面)行为。换句话说,要么给企业带来资产,要么给企业带来负债;要么给员工带来物质利益和精神利益,要么相反。如果领导者的行为给员工带来的是员工所期望的利益的增加,员工的对领导者的信任程度就将增加,否则就将减少,而且两者的程度往往也是对应的。在这里,对于利益关系的处理,特别是对于价值创造系统结构中关键性网络节点的员工利益期望的实现程度,决定了员工的表现以及组织的绩效,乃至组织的兴衰成败，换句话说，决定了组织能量场的"源头活水"能否持续涌动。

如此看来，作为最重要网络节点的领导者的行为必须是十分审慎的，因为企业整体的行为结构很大程度上决定了员工的行为结构，继而决定企业的绩效、走势，甚至命运结局。我们知道结构这个东西往往既是强大的又是脆弱的，说它脆弱，是因为有时候只需改变一个关键性的节点和要素，可能改变整个系统结构的属性，从而导致整个行为系统，以至于整个组织系统功能的改变。所以，领导者需要谨记：领导者随时随地的一言一行都在"造场"。

由此可见，管理的逻辑起点是分享。分享的内容包含物质利益和精神利益。在物质相对丰盛的时代，精神利益的分享就尤其重要，而精神利益当中，归属感、尊重、公平性、信任感、欣赏、认可、激励、培养、成就、荣誉等也很重要。领导者的核心任务就是通过自己的管理行为，去身体力行地表达和呈现自己内心深处真实的心念和信仰，并通过不仅表里如一，而且一以贯之的表现去影响、感化、启发和唤醒他人，提升他人。这就是价值观分享的过程，通过价值观的分享去唤起价值观的共鸣共振，树立起正确的价值导向并引导人们的思想和行为。这个过程，也是领导者通过正向管理给组织生命系统不断注入能量的

第6章
"场"与"熵":治理生命型组织的密钥

过程。

由此可见,做管理就是做分享。

二、场的定义及"生命场"的本质

场本质上是一个超越原有组织、环境、能量边界的开放性系统,使得各种组织、环境、能量在新的系统中相互叠加、影响、转换。管理场主要是组织场,是由组织所置身的时代环境(经济、社会、政治环境),组织的内部利益相关者(投资者、管理者、员工),组织的外部利益相关者(客户、供应商、竞争对手、社区、政府、自然生态)相互作用所形成的能量交互系统。

生命场表达了人与人之间,人与物之间,乃至人与隐性秩序之间相互作用、相互影响的现实。这种相互作用、相互影响就是各种能量的转化。

生命中的一切呈现都由场而来,生命系统是关系系统,是能量交互系统,即能量场。

三、生命场的"五化"效应

生命场包含同化效应、显化效应、强化效应、演化效应、造化效应五种效应。

图6-1 五化效应图

1. 同化效应

吸引,是生命场实现同化的第一步。每一个生命体都是独特的,每一个生命场都是一个特别的能量场,都具有特定的能量振动频率,与该频率相合或者相近的人和事、无形资源和有形资源会受到吸引,容易进入、融入这个场,如鱼得水,并得到发展和壮大,反之则受到排斥、打击、压制。所谓"良禽择木而栖""不是一家人,不进一家门"就是这种效应的表现。

同化效应的第二步是改变。频率相近或者相合,并不等于各个方面都一致,被吸引进来的,包括那些由于各种各样的原因进入某个特定生命场的人,将继续受到这个生命场的影响,呈现同化效应。例如新入司员工,一般都是

第6章
"场"与"熵":治理生命型组织的密钥

通过双向选择入职的,这个双向选择的过程就是一个彼此进行频率识别和甄选的过程,是一个相互吸引的过程,但是吸引不等于融入,入职后的若干年内彼此还有一个互相磨合的阶段,而且往往更多的是新员工被打磨。所以,我们常常感叹某一个年轻的同事刚刚毕业的时候是如何意气风发,斗志昂扬,踌躇满志,然而三五年之后,却变得如此世故,就像是换了一个人似的;又或者是某个同事,原来在别的部门工作的时候各方面反映都不怎么样,考勤上迟到早退,工作上马马虎虎,与同事合不来,跟领导对着干,甚至还时不时地给上级写个匿名信、告个黑状等,可是调到新部门之后两年,原先的毛病没有了,也像换了个人似的。从这里,我们就可以看得出场的同化力量。

著名社会科学家罗伯特·默顿对"参照群体是如何影响我们的"这一问题进行了系统总结:"他们能够产生'对比效应',即我们或者别人是如何评价我们自己的,也能产生'同化效应',即别人改变了我们的行为和态度,或者是二者的结合。"这个道理在组织当中同样适用。如果好的行为多,大家模仿好行为的机会就多;如果不良的行为多,大家模仿不良行为的机会就多,因此相应行为就会大量发生,形成能量场。场作为一个相互联系的系统,其中一个很小的初始能量就可以产生连锁效应,从而引发同化。

2. 显化效应

从人性角度来讲，人具有两面性，有社会属性，也有自然属性。具体到每一个个体，由于先天和后天的因素，个体具有某些潜在倾向，但之前一直处于抑制和休眠状态，一旦进入特定的与这些潜在倾向相适应的环境，该倾向便转化或显现为现实的行为。究竟哪一面显现出来，很大程度上取决于特定环境的属性，取决于组织生命场的能量层级。

人性，既是强大的，又是脆弱的，谁也不能保证自己在更强大的能量场面前可以始终保持定力。场，无论是正能量场还是负能量场，其同化威力之大，不可小觑。

3. 强化效应

强化效应实际上是同化效应的延伸。人的某一种潜质、倾向一旦被激活，就会表现为行为，形成相应的行为能力，而由于这些被激活的部分本来就与场相合，于是就会得到"场"的回应，得到具体的利益，继而这些精神的和物质的利益进一步激励和驱动人的动机和行为，使得某些能力获得更多的使用机会，同时减少另一些能力的使用机会，从而优化人与场相合的能力。比如说，如果这个场是实事求是、鼓励讲真话的场，讲真话的人受到推崇和尊重，人们就容易倾向于更多地讲真话，更少说假话。如

第6章
"场"与"熵":治理生命型组织的密钥

果是在一个做事导向的组织生命场里,做事的结果、绩效是评价一个人的主要标准以及奖惩的主要依据,做事是一个人成功与否的评判标准,那么,人们就会倾向于不断提升自己实实在在做事、创造价值的能力,并努力营造做事的环境与氛围;如果是在一个做人导向的场域里面,做事就容易受到忽视,做事的结果、绩效、价值创造就容易受到轻视,如此一来,人们就倾向于将时间、精力和资源更多地投放在与人互动、过度沟通、请客送礼、迎合他人,甚至拉帮结派、造谣生事、拨弄是非等低俗、恶劣的行为上。

总之,好的场应当能让不够好的人变好,让不够善良的人变得善良,让优秀的人变得卓越,让卓越的人变得伟大,使人不断进步、不断成长。

4. 演化效应

演化效应指的是任何一个组织的生命场,始终处在一个动态变化的过程中,要么进化,要么退化,要么生存,要么死亡。而组织要永葆生命活力,就需要积极、自觉地通过改革和创新,不断地优化和升级组织系统的要素与节点,改变其结构与层级,从而改变和提升系统的功能,使之始终能够与组织所处的环境相适应,产生良性互动。这个过程也是给组织能量场不断地注入组织所需要的新能量,用"熵减"对抗"熵增"的过程,是生命场的能量形态不断迭代、演变、升级、换代，并使得组织能力形态与更大的能量系统良性互动、和谐相处的过程。

让我们沿着前文解读的价值链理论和价值网络理论的脉络继续深化思考，以便更透彻地理解生命场的演化效应。我们已经知道：我们所期望的结果（价值）只会来源于它背后生成和创造价值的系统结构（价值链或价值网络）。如果基于价值链而建立起来的价值系统结构已经不能适应互联网时代的客户需求、市场竞争，那么就需要对价值生成系统进行改良和变革，而这个改良、变革的动态维护过程，实际上就是对组织的生命场不断地进行培育、营造和优化升级的过程。实际上，基于组织生命系统的生命场的内涵和外延远远大于价值网络的概念，它包含了生命系统内一切主体、要素、环节，以及所有的关系与连接。要达到价值创造的最大化，恰恰需要对整个生命系统结构进行全要素的维护和打理，使之能够与不断变化的客户需求、技术进步和时代潮流相适应。唯有动态维护，方能与时俱进。商业模式、系统结构必须是一个动态的过程，这就决定了场的营造也必须是一个持续进化和演变的过程。而这些也恰恰是生命结构具有灵性和活性的表现。

管理的任务是什么？管理就是不断地从内部生成和从外部获取各种各样的资源，资源一方面被识别、吸收、内化并用于优化生命的内在结构，一方面由生命结构将其转

第6章
"场"与"熵"：治理生命型组织的密钥

化为我们所诉求的客户价值。而我们所需要的优质的、高级的资源从来就不会被级别更低的生命场所识别，即便是勉强得到了优质的资源，也不可能将优质资源转换成为高端价值，因为高端的价值只会生成于高质量的价值网络、生命系统，只能由优质的人力资源基于优质的关系和流程，并与优质的物质资源有效结合创造而成。可见，一个组织的开放和创新是多么的重要：唯有开放，生命体才能够新陈代谢；唯有创新，生命体才得以转型升级。

领导者的责任在于秉持改革开放和学习创新的精神，持续打造能够实现组织所期望的价值目标的、超越价值链和价值网络的企业生命系统，不断地推动企业生命场、生命结构的进化，使之总是能够与环境相谐，与时代同行。

5．造化效应

场，最核心的功能和效应就是转化，最为重要的转化就是把我们追求的价值、绩效转化出来。场的上述四个效应实际上也是四个具体的机制，而这四个机制的互动与交集，形成一种核心的效应。在这里，我更愿意把它叫作"造化"，为的是突出创造、造就之意。具体到一个特定的场，究竟能造化出什么东西，就要看这个场的属性和层级。我们说，场的本质是一个动态的能量交互系统模型，而场是有属性的：正能量的场，最终会造化出正能量的、积极的、真善美的价值成果；而负能量的场，必然造化出负能量的、消极的、假恶丑的果实。

总之，造场，就是造一个生命系统结构，造一种蓬蓬勃勃、繁茂丰盛的生命活力和生命景象。

事业长青的奥妙——基于"熵"理论的命运解析

一、熵增——挥之不去的死神

华为总裁任正非这样形容生命的抗争："熵和生命活力，就像两支时间之矢，一头儿拖拽着我们进入无穷的黑暗，一头儿拉扯着我们走向永恒的光明。"

1. 生命之熵——"拖拽着我们进入无穷的黑暗"

鲁道夫·克劳修斯的热力学第二定律又称"熵增定律"，是这样描述的：在自然过程中，一个孤立系统的熵一定会随时间增大，熵达到极大值，系统达到最无序的状态。系统将会因极度混乱无序而衰亡。

简单地说，熵就是无序的程度。熵增是世界上一切事物发展的自然倾向。世界上没有永动机，任何孤立系统最终会走向平衡静止，也就是"熵死"。

没有不死的系统，没有不死的生命。对一个封闭的系统而言，熵增是必然规律，生命最终是要结束的。那么，是否有对抗"熵增"，延长企业生命，使企业达到基业长

第 6 章
"场"与"熵":治理生命型组织的密钥

青的办法呢?

也许薛定谔的生命活力理论会给出答案。埃尔温·薛定谔是奥地利物理学家,量子力学奠基者。1943 年,薛定谔在三一学院的讲台上,面对爱尔兰总统等一众嘉宾,在"生命是什么"的主题演讲中提到,"自然万物都趋向从有序到无序,即熵值增加。而生命需要通过不断抵消其生活中产生的正熵,使自己维持在一个稳定而低熵的水平上。生命以负熵维持。"1944 年,薛定谔把这一演讲主题写作成书,即《生命是什么》。薛定谔将生命活力称为"负熵",是自然万物相对于热力学熵增规律的反向运动。

同理,企业要保持发展动力,所需要依靠的就是这个"负熵",也就是生命活力。那么该如何增加"负熵",提升企业的活力呢?

华为采用了分享的方法。如前文所述,任正非只拿了华为 1.4% 的股份,剩下 98.6% 的股份全都分给了员工,这就是华为的分享。任正非正是通过洞察人性,激发出华为人的生命活力和创造力,从而收获持续发展的企业活力。这个 98.6% 是一枚重磅炸弹,足以引发连锁反应。优秀的技术骨干有可能会拿到工资 200 万元、奖金 200 万元、分红 200 万元,一年总计能有 600 万元左右的收入。像华为这样,企业创始人自己只留下 1.4% 股份的例子,在企业发展史上,都是极其罕见的。这个做法极大地激发了员工的工作热情和活力。其他的激发方式还有很多，很多企业所采用的合伙人制也是方法之一。

2."负熵"——"拉扯着我们走向永恒的光明"

要保持组织活力，就不光要保持生命系统现有的能量和状态，还需要进一步增加这种能量。耗散结构是普利高津在研究如何在不违背热力学第二定律的情况下，阐明生命系统自身的进化过程时提出的新概念，他因此获得了1977年诺贝尔化学奖。熵理论告诉我们：孤立系统在熵增原理的作用下会自发地走向无序，只有开放系统从外界吸取负熵抵消熵增才有可能走向有序。作为一个企业，不能任由系统走向无序，而必须采取措施，用负熵抵抗熵增。耗散结构就是一个远离平衡的开放系统，通过不断与外界进行物质和能量交换，在耗散过程中产生负熵，从原来的无序状态转变为有序状态，这种新的有序结构就是耗散结构。

身体胖了，体内脂肪、胆固醇、尿酸等物质就会增加。通过锻炼消耗多余的脂肪，节制高热量饮食，增加蔬菜水果的摄入，指标变得好起来，身体更有活力，这就是一个简单的耗散过程。知识老化、观念僵化、不思进取等，属于精神、情感和知识方面的熵增，通过加强学习、安排必要的参观交流、对标先进等，也是一种耗散过程。

企业内部进行创新变革，也是打造耗散结构的方式，将企业内部冗余的能量耗散掉,并且突破边界,与外界进行能量交换,使企业发展获得新生。

二、案例解读:华为保持生命活力的奥妙

我们通过华为的创新管理案例来解读熵理论带来的管理启示。

1. 构建耗散结构,疏浚负熵的河流

耗散结构的三个特征分别是:开放性、远离平衡和非线性。任正非正是通过构建耗散结构,打造出华为的活力引擎。

一方面,华为通过企业的厚积薄发、人力资源的充分激活实现耗散结构远离平衡的特性,使企业逆向做功,从而实现有序发展;另一方面,华为通过企业的合作、人力资源的开放实现耗散结构的开放性,为企业带来有序发展的外来动能。

华为的活力引擎分为企业宏观和个人微观两个层面。企业宏观层面,华为通过厚积薄发和开放合作,解决企业发展过程中出现的组织惰怠、流程僵化、技术创新乏力、业务固化守成等问题。个人微观层面,华为通过探索如何激发生命的活力,从而解决人的惰怠和熵增问题。

2. 华为如何打造宏观活力的引擎

华为的耗散结构,既要消耗掉企业多余的能量,打破

平衡静止的企业超稳态,建立新的发展势能,也要保持开放性,为企业锻造出一个开放发展、与时俱进的技术和业务平台。因此,任正非赋予了华为两个发展理念,也可以认为是华为的两个发展战略,即厚积薄发和开放合作。

在华为宏观活力引擎模型上,开放合作与厚积薄发成为打造负熵流的主要方法,通过逆向做功,一方面消耗了多余的物质财富,打破了平衡静止,避免了物质财富积累过多导致的熵增;另一方面建立起了新的企业发展势能,为长远发展积聚了能量。

在这里,势能可以理解为技术研发、组织管理能力、人才资源、思想战略、品牌声誉等因素的储备,形成进入"无人区"、构筑世界级竞争力的综合能力。厚积薄发和开放合作的战略是相辅相成的,又各有侧重。

(1)厚积薄发

华为通过厚积薄发战略,把企业物质财富最大限度地转化为企业发展势能,强化了内生动力。厚积薄发本身在理念上更像一个能量守恒系统,偏重企业内生动力的循环往复。由于消耗掉了物质财富储备,也避免了企业因过度积累财富而失去危机感,造成惰怠而失去发展动力。

厚积薄发首先表现在把物质财富密集投入科技研发领域。华为建立势能最突出的方式是研发方面的密集投资,过去10年累计投入2400亿元人民币。华为厚积薄发的另

第6章
"场"与"熵":治理生命型组织的密钥

一个重要方面就是开放,即不断引进国际管理经验,推动管理变革,积累组织能力方面的势能。从1997年开始,华为20多年来持续引进外部管理经验,包括IBM、埃森哲、合益集团、波士顿咨询等,为华为提供了集成产品开发(IPD)、集成财经服务(IFS)等多方面的持续变革,使得华为的管理创新、组织结构创新、流程变革不断进步,奠定了华为成长为一家全球化公司的根基。

华为通过厚积薄发积累了足够的势能,就有可能在核心领域进入无人区,构建世界级竞争力,同时也能积累能力进入更大的业务作战空间,获得更多物质财富,进而推动积累更大的势能。如此循环,企业进入良性发展状态。

(2)开放合作

开放的文化会孕育开放的思想。无论是科学理论的重大突破,还是主航道的无人区,开放的思想会孕育出多样性和更多发展路径的分支,让华为在面临未来不确定性和"黑天鹅"突变时拥有充分选择权。

在企业战略方面,任正非为管道战略定义了开放的属性:"我们把主航道修得宽到你不可想象,主航道里面走的是各种各样的船。要开放合作,才可能实现这个目标。"通过深淘滩低做堰,华为积极开展与业界的合作,构建日益高效的产业链和繁荣的生态系统,不断做大产业规模。

在科技研发的势能积累方面,任正非经常旗帜鲜明地反对一味的自主创新。在具有可选择性的领域,华为更愿意采用合作伙伴的解决方案,长期保持与业界最优秀的伙伴进行合作。

3. 华为如何打造微观活力的引擎

华为最不被人理解甚至经常被人误解的企业理念就是"以奋斗者为本,长期艰苦奋斗",而这点恰恰是华为微观活力引擎的动力关键所在。华为通过人力资源的水泵实现逆向做功,增加势能,激发员工活力。

如何用价值分配撬动价值创造?

一是100%员工持股是基础。华为的股权结构使其内生动力远胜于上市公司(上市公司在资本上是开放系统,外在因素发挥更大作用)。而近年新推行的TUP制度(相当于5年有效期的分红权),更是避免了利益沉淀引起的熵死。

二是让劳动者获得更多价值分配,打破平衡,激发奋斗活力。劳动者是价值创造的主体,因此价值分配应优先分配给劳动者,让劳动所得与资本所得的比例大致保持在3:1。这样既能激发劳动者的创造价值,也能避免老员工积累过多股票后变得懈怠。在薪酬分配环节,任正非也非常注重拉开差距,华为通过及时提拔和破格提拔优秀者,以避免员工懈怠。这就是他常说的"给火车头加满油",向奋斗者倾斜、以奋斗者为本的分配结构,充分体现了耗

第6章
"场"与"熵":治理生命型组织的密钥

散结构不平衡的特点。

华为微观引擎模型的开放性体现在炸开人才金字塔塔尖,在全球能力中心进行人才布局;通过战略预备队培养未来领袖,加强跨部门人员流动;坚持淘汰懈怠员工。

生物能够不断进化的核心机制在于不断淘汰不能适应环境的生物个体,开放性的竞争是生物进化的不二法则。企业也是如此,一个健康的开放系统一定要有吸纳新员工的通道,要有能够及时调整或淘汰懈怠主管和员工的机制。2015年,华为有超过一万名员工因为不胜任工作而被调整,部分主管和员工被淘汰。同时,公司政策也允许部分不愿意继续奋斗的主管或员工保留股票而退休。

通过对熵理论的阐释,以及对华为案例的解读,我们可以更加透彻地理解生命场的思想及其运作。我们只有把企业视作一个有机生命体,在把握熵增规律的基础上,对其进行维护、打理,精心的营造和构建,不断地激发和引入正能量,增加"负熵",对抗"熵增",使生命体能量有序运行,才能保持企业长久的生命活力。

第7章

造"场"——生命型管理的方法和艺术

造场的基本方略

管理的目标是为了打造出一个能够造化出管理者所期望的各种成果的场域,以提高组织的绩效。换句话说,管理就是要造出一个具有以下三个功能的场:一是造就和生成组织所需要的各种资源;二是创造和生成符合组织目标的产品和价值;三是使资源有效地向着价值转换。

基于对场理论和熵理论的理解,培育生命型企业,本质上就是造"场",即打造一个场域。关于造场,我们需要理解和把握以下五个要点:

第一,场是有层级的。造场就是要造出一个高能级的

第 7 章
造"场"——生命型管理的方法和艺术

场,只有高能级的场,才能吸引高能级的资源、造就高能级的"生产线"即转换系统,进而创造高端产品与价值。

第二,能否造出高能级的场,首要的是领导人自身的修为,"一把手"的精神境界就是组织人格的天花板。

第三,场的能量规模自然是重要的,但更为重要的是能量的层级和能量形态的多样性、异质性,唯其如此,才能不同而和,和合共生,生生不息。

第四,有针对性地化解、消除、覆盖、抑制熵增固然是造场所需要的,但是,更为有效的策略应该是侧重于负熵的激活和引入。

第五,开放、民主、平等、包容、多元、自由、法治、诚信、创新、共享,是造就一个强大、高效,充满生机和活力的组织场域应当遵循的基本信条。

资源从何而来

管理是什么?从生命运行机制得到的启示来看,管理就是资源与价值的持续转换,而资源是生命体的发展基。这里的"基"包含基础和基质的意思。生命体运行的基本形式是新陈代谢,新陈代谢就是机体与环境之间的物质和能量交换以及生命体内物质和能量的自我更新过程。

人以及由人构成的组织的运行都遵循上述规律,但人不是一般的生命体，而是有思想和意识的高级生命体，所以人的输入内容和输出内容，跟一般生命体有着根本的不同。人从外部环境获取的营养不仅有物质资源，还有精神资源、情感资源和知识资源。这三大资源输入后不仅作为产品的原材料用于制造产品，形成价值，而且作为精神、情感和知识三大系统的"构件"，动态地建设和维护生命系统结构。

由此，我们可以看出：组织的能量不仅来源于物质，更来源于更多的无形资源（资本）。

知识资本经营的策略与举措

知识资本的经营是由一系列的行为促成的。任何形式的学习行为，都是在积累和充实能量，让我们的行为、言论、起心动念和动机水平都有所提升，从而能够反哺这个世界以更正面、更积极、更高尚的能量。

知识的积累和学习，最终都将体现于实践。所以，学到的知识一定要去实践，通过实践深深烙在潜意识里，转变成隐性知识。隐性知识经过思考、整理、体悟、感悟，也可以转换成我们一般所说的显性知识。显性知识经过整理形成概念，上升为理论体系，就形成了一个人自己的理论框架。

第 7 章
造"场"——生命型管理的方法和艺术

知识资本经营的方式方法很多,而对于企业来说,企业知识资本的经营,所面临的主要问题和其解决方法如下:

要真正解决"初心"问题。一些企业不重视知识管理,不舍得学习方面的投入。

要解决这个问题,最重要的是将知识资本经营的投入确定为刚性的量化标准,并纳入考核范畴,且占有足够大的权重。

建议一:按照国家新的规定,从2018年1月1日起,企业培训经费提取标准,从原来的最高2.5%提高到8%,提取部分可做税前扣除,超出8%部分可以结转到下年度。这显然传递出一个强烈的信号:国家对于企业培训投入严重不足的严峻现实有着清楚的认识和强烈紧迫感。因此,做好培训,规划和运营好学习体系和机制,经营好知识资本最基础的工作就是切实加大教育培训、组织学习等方面的投入。

建议二:对于偏离"初心"的企业领导人,加大促变力度,长期转变不了的,应调离领导岗位,做到人岗匹配。

建议三:全面提升管理,推动企业管理由经验型向生命型的跨越式转变,才是知识资本经营的根本之道。真正有效的学习行为、知识管理、人才发展只会发生在具备人本型管理的组织环境里。

建议四： 实施学习型组织（包含知识管理、人才发展）战略，引入如上所述的团队学习理念、方法和工具。将管理升级所建立的价值导向和组织环境造就的员工意愿与科学的理念、方法、工具有效结合，催生丰富多样、结构合理的学习行为系统，并借此优化和升级组织的知识结构和能力结构，进而形成动态维护、良性运行、与时俱进、功能强大的企业知识系统，造就实力雄厚的知识资本。

精神资本经营的策略与举措

需要特别强调的是：精神资本、情感资本和知识资本，这三大核心资本经营的共通法门就是环境的营造，或者说是场的营造。总之，员工乃至整个企业组织在精神上、情感上、思想上、知识上是否成长，以及成长为什么样子，取决于他们所处的环境。

精神资本的经营，目的是实现人在精神上的成长，也就是人格的完善和精神层面的发展。如何实现精神上的成长呢？就是要用新的认知取代旧的认知，新的认知包括新的思想、新的观念、新的信息、新的数据等。我们汲取什么样的精神营养，我们就会变成什么样的人。那么，我们

第7章
造"场"——生命型管理的方法和艺术

的精神养料在哪里？精神资本经营的策略有哪些？几条建议如下：

第一，尝试读书。书是最直接、最快捷，也是最高端的精神营养载体，尤其是经典的书、名家的书。最快的捷径就是多读书，读好书。读书的本质是构建虚拟的社会联系，经营虚拟的社会资本；联系是虚拟的，而从中得到的关于做人、做事、相处、求知的精神、情感、思想、智慧的资源却是真实不虚的。

一个不读书的人，一个没有读书氛围的企业，一个不读书的企业领导人，精神上能长多高，是可以预见的。

第二，注重实践。实践也很重要，在实践中感悟，相应的知识和能量才能变成你自己的东西。真正实践、体悟到的东西，才能给精神补充真正的能量。

第三，言传身教。言传身教的过程实际上是给场注入精神能量的过程。对于年轻的新员工来说，更应该让他们沉浸在良好的环境氛围中，耳濡目染，吸收企业精神的营养，获得精神上的成长。

第四，与人交往。与什么人交往、与什么人相处，往往对人的精神世界产生巨大的影响。与真正品行好的人多交往，多向他们请教，实现精神的互动和净化，并以他们为榜样和标杆去学习实践，必将产生质的变化。

第五，团队学习、头脑风暴。团队学习包括精神层面的学习、价值观方面的交流、工作方式方法的谈心等，但首先要先明确团队自身的核心价值。确立核心价值的过程遵循自下而上—自上而下，民主到集中—集中到民主这样一个过程。另外就是建立团队的愿景，愿景与价值观紧密相关不可分割，愿景是更加形象化的对未来的勾勒、描述和想象。建立一个画面感很强的愿景，团队的价值观就非常容易植入团队成员的脑海中去。

第六，精心策划一些具有精神意义的活动。

第七，精神资本的经营，最重要的就是"众人拾柴火焰高"。从一把手到管理者到员工，如果大家在精神上都有所分享的时候，这个场就充满了高级别的精神能量。员工浸泡在这片能量之海中，精神上自然会得到滋养。所以，无论是团队还是组织，造场就是造一个健康向上的精神花园。

第八，幸福企业是生命型企业的一种表现形态。幸福企业的建设更偏重于人心经营，而且影响范围超越本企业界限，波及所在社区、合作伙伴，乃至整个社会。精神资本经营应该把握整个生命系统的概念。

第九，全面反思，系统清理组织中的精神负资产，如：信仰迷失、理想迷茫、道德滑坡、官僚主义、不思进取等，有针对性地采取措施，激活正能量，对冲精神系统的熵增。

第 7 章
造"场"——生命型管理的方法和艺术

第十,搞好情感、知识、思想资本等生命系统的全要素经营,相辅相成,促进组织资本的全面繁荣。

经营精神资本的手段和方法非常多,如每年组织外出学习、参观、交流等。还有相应的制度手段:公正的用人制度、合理的考核制度、有效的激励制度,监督制度、反馈制度、授权制度、个人信用制度等。如图 7-1 列举了精神资本经营的部分手段、方法,供大家参考:

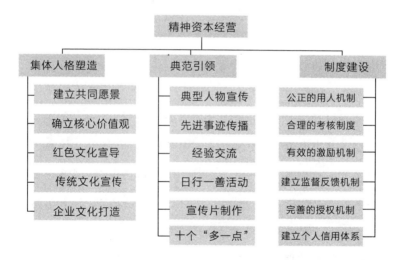

图 7-1 精神资本的经营

精神资本经营的本质就是用新的、更高层次的精神能量,取代、化解、摒弃低层次的精神能量。实际上也是一个去掉熵增、把生命转向鲜活的过程。

> **案 例** 德胜洋楼——刚柔并济塑造集体人格

德胜（苏州）洋楼公司，成立于1992年，专门从事美式木制别墅建造，年销售额4亿至5亿元，员工不到1 000人。目前，它占据了国内木结构别墅70%以上的市场份额。一个以"蓝领"为主的建筑施工企业成为行业翘楚、拥有令人敬仰的企业风貌，背后，其对集体人格的塑造所发挥的力量不可小视。

1. 价值观导入与文化育成

德胜的价值观导入与文化育成主要通过以下三个方面进行：一是德胜价值观：诚信、勤劳、有爱心、不走捷径。简单的11个字阐释的却是做人做事应遵循的最重要的道理。二是德胜员工手册。德胜员工晨会必须默念两句话：①我实在没有多大本事，我只有认真工作的态度；②我怎么又耍小聪明了，这真的好危险。三是爱德胜的58个理由，基本全部是人文关怀的措施，通过人文关怀，去打动员工，让员工感觉到温暖，感觉到受尊重，感觉到体面。

爱德胜的理由（节选）：

（1）在德胜，能随时从公司借到钱。

（2）所有员工的手机话费可在公司报销总额的50%以上，从不追查是因公还是因私。

（3）员工从家里来公司的车票（可以是卧铺票）都能在

第7章
造"场"——生命型管理的方法和艺术

公司报销。

（4）员工每年代表公司给子女赠送一件礼物，费用公司报销。

（5）员工可代表公司每年招待家庭成员一次，费用公司报销。

（6）员工因私用车很方便，仅凭自觉登记，公司收费远低于车辆运行的成本价。

（7）同事关系简单、纯洁、友好。

（8）在德胜，报销发票靠个人信誉，不需要领导签字审批。

（9）婚假比法定假期长2周。

（10）产假比法定假期长2个月。

（11）员工可根据个人的意愿随时安排休假和提出休假申请，公司都给予批准。

（12）各种原因造成的车辆损伤的维修费用，都由公司支付。

（13）绝对禁止赌博。

（14）严禁冒着生命危险去抢救公司财物。

（15）关系职工健康，不允许带病上班。带病上班会受到惩罚。

（16）每年感恩节时员工互赠节日礼品并免费加餐，礼品费用都由公司报销。

(17) 每年圣诞节时全国各地的员工穿着整洁,一起在五星级酒店聚餐,所有花费都由公司支出。

(18) 德胜时刻都在教导和感化员工做诚实、勤劳、有爱心、不走捷径的君子。

(19) 公司鼓励员工学习驾驶技术,公司补贴费用的50%左右。

(20) 有培训和学习的机会,公司出资安排人员参加培训和学习。

2. 制度化践行促进——天使魔鬼双系统

管理就是通过两套系统做两件事情,一套是如何把人性中天使的一面激发出来。天使有理想、有大爱,且愿意分享。另一面是抑制魔鬼面,怎么样抑制人的自私、贪婪、阴险等不良的一面。

天使激励系统包括:价值观导入、员工关怀等。魔鬼防范系统有几个工具:员工手册、纠察纠错、信用积分等。通过信用积分的记载,将员工行为与利益挂钩。

情感资本和社会资本经营的策略与举措

情感资本与社会资本的经营,其核心在于物质利益和精神利益的分享,遵循的基本逻辑是:分享—信任—合作—共赢—和谐。所以,分享是情感资本与社会资本经营的

第 7 章
造"场"——生命型管理的方法和艺术

逻辑起点,是人类最可宝贵的品质。

强大的社会资本能够通过促进企业内部资源的整合创新来建立统一的价值体系,以达到在企业内部建立"统一语言"的目的,最终将公司的战略、使命、目标、愿景清晰地传达到组织的每一个节点,进而促使能量由内而外、由近而远地延伸、扩展,造就组织生命系统强大的生命场。

而组织情感的培育,有一个方面至关重要,就是培养员工对公司的情感。例如,德胜洋楼的"58个爱德胜的理由"就是在员工内心植入对公司的爱,就是在用心经营情感资本。

从这个角度来说,爱必须成为情感资本和社会资本经营的出发点和前提。管理者对员工好,才能够建立起公司跟员工的情感联系。员工对客户好,才可以建立起公司和客户之间的情感联系。在外部,公司也要与供应商、合作者、竞争对手,以及社区、社会、政府建立情感联系。

经营社会资本的逻辑起点是分享,就是将所拥有的资源和所创造的价值用于分享。在马斯洛需求层次的哪一个层次上进行分享,对方就会在哪个层次上产生相应的体验和情感,包含满足感、安全感、归属感、尊重感、信任感、荣誉感、成就感、意义感、使命感等。情感由此建立,然后形成正面认知,产生理解和信任、忠诚和合作。

合作就意味着承诺和投入，结果是互利和共赢，最后带来和谐与共生的生命系统格局。在和谐、共生的环境中可以进一步获取资源，进一步创造价值，再进一步去分享，形成一个良性循环。所以这个循环链条也是情感链条，也是社会合作的链条。从这个角度来说，社会资本的经营，同时就是情感资本的经营。

图 7-2 列举了一些具体实操工具，包括团队协作、职工拓展、客户服务、慈善公益、绿色环保等。

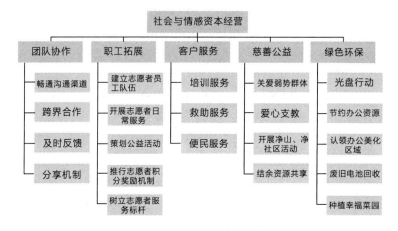

图 7-2　社会与情感资本经营工具举例

放眼更大的系统，需要关注到更宽泛的对象：老板该怎么对待管理者；管理者该怎么对待员工；员工该如何为客户创造更大的客户价值；该怎么对待供应商、经纪公司、代理公司；该怎样对待合作伙伴、竞争对手；该怎样

第7章
造"场"——生命型管理的方法和艺术

对待社会;该怎样看待天地万物……在每一个维度上,我们怎么去对待,怎么体现分享,就会建立起怎样的情感联系与社会联系。所以这个过程既是情感经营的过程,也是社会资本经营的过程。

说到情感资本与社会资本的经营,还要再次提起信誉楼这家企业。信誉楼创始人张洪瑞为企业总结的成功经验有以下两点:除了前文所提过的"切实为他人着想"外,他还把主要精力放在"做企业"而不是"赚钱"上。当然,正如张洪瑞所说,信誉楼注重的是做好过程,过程做好了,结果就是自然而然的。

1993年年底,信誉楼发生过"西服退款"事件,让大众记住了信誉楼。张洪瑞发现,一批西服的加价率高于公司的规定,他立刻找到两位主管狠狠地批评道:"做生意不能赚昧心钱,加价率高也是不讲诚信,你们这样做是在砸信誉楼的牌子,是把企业往绝路上推啊。"随后,他责令有关部门下调价格,并在电视台播出了一则致歉广告:"信誉楼不慎售出一批加价过高的西服,总经理张洪瑞特向广大消费者致歉,并请买到这批西服的顾客到商场领取退款。"

又有一年,当得知市场反响火爆的"甩脂机"会对人体造成危害后,在顾客还没有提出退货的情况下,信誉楼决定全部召回已售出的甩脂机,并由公关部经理亲自上门将货款退回并向顾客致歉。这样做的结果是，价值13万元的商品最后被拆卸成零件卖了废品。

30年的发展历程，信誉楼执着于诚信经营，坚持切实为他人着想的理念，赢得了社会各界的认可。经过30年的积累沉淀，信誉楼形成了独具特色的文化理念，成为集聚企业精神力量、推动企业持续健康发展的根本动力。信誉楼能够做成今天的"商业品牌"，充分证明：企业只有站在更高、更广的格局充分经营社会资本和情感资本，才能最大化地进行价值转化，实现企业发展的目标，成为行业标杆。

行为资本经营的策略与举措

一个人、一个组织的行为是受精神资本、情感资本和知识资本驱动的，然而，这些资本也只有化作行动才会有真正的价值，而且它们都需要接受实践的检验，同时也通过实践进入到我们的潜意识，成为我们的内在品质。我们在实践中的感受和体悟，才是我们真正的财富，是我们最实在的资本。正如哈佛大学心理学家杰罗姆·布鲁纳所说的："相比之下，先行动再产生感觉，比先产生感觉再行动更加可行，所以行动吧！"

那么，要怎样经营好行为资本呢？我的建议有以下

第7章
造"场"——生命型管理的方法和艺术

六条：

其一，经营好精神、情感、知识这三大核心资本。这些资本虽然不能替代行为但却是行为的引擎。很难想象，如果没有信仰，没有使命感，没有情怀，没有健康的情感世界，没有足够的知识储备和过硬的本领，一个人、一个组织的行为将会怎样。

其二，行为要转化为有效的行为资本，量的积累是最重要的。没有积累，就没有进步。积累才是王道。从某种意义上讲，任何资本都是积累的结果，行为资本也是。

有效的积累需要注意几点：一是要增强知行合一的意识。二是要有坚忍不拔的意志和持之以恒的耐心。三是要有抓铁有痕的力度、踏石留印的强度。四是要有聚精会神的专注和心无旁骛的投入。

其三，刻意练习更为重要。刻意练习应注意以下几点：一是把心放进去：用心工作，用心学习，用心练习，有心积累。二是把情放进去：怀着使命感、责任感、意义感，乃至神圣感去工作、学习、训练，带着感情、热情、激情投入其中。三是随时进行反思：学会使用"复盘"、反馈学习、团队学习等学习工具。四是必要时请教练辅导练习，提高练习效率。

其四，给自己制定目标。可以把日计划、周计划等挂在自己容易看到的地方，随时提醒和鼓励自己。比如贴在镜子上，刷牙洗脸时对着镜子念三遍，给自己鼓劲。

其五，给自己树立一个标杆。比如你的领导或者老师事业很成功，或者生活很幸福，他是你崇拜的对象，那他就可以作为你的标杆。你可以观察和总结他的行为习惯和优良作风，然后对照自己寻找差距，制定自己学习修炼的计划，并可以向他讨教修炼的方法。

其六，反思自己的人生，将行为资本的经营纳入自己的人生规划，纳入企业文化、软实力建设规划，使行为习惯和作风与我们的愿景、志向和目标相适应、相促进。同时找到妨碍自己成长、进步和发展的不良习惯和作风，找到摒弃这些习惯和作风的有效办法，并培养与之相对的好习惯、好作风，优化行为结构。

思想资本经营的策略与举措

思想是智慧的源泉。《富爸爸穷爸爸》这本书一经出版便非常畅销。该书讲述了清崎的两个爸爸："穷爸爸"是他的亲生父亲，一个高学历的教育官员；"富爸爸"是他好朋友的父亲，高中没毕业却善于投资理财。清崎以亲身经历的财富故事展示了"穷爸爸"和"富爸爸"截然不同的金钱观和财富观。伴随着该书的火爆，书中的一个观点也随之流行起来：学历是铜牌，能力是银牌，人脉是

第 7 章
造"场"——生命型管理的方法和艺术

金牌,思想是王牌!人脉、能力、学历都是一个人的资本,但是最重要的资本是思想资本。思想资本的经营需要通过六项修炼来进行:改善心智模式、团队学习、系统思考、建立共同愿景、自我超越、知行合一。

1. 改善心智模式

改善心智模式主要解决我们的心灵转变之旅怎么开启的问题。心智模式就是我们的认知模式。我们在特定的环境中,由于特定的人生经历,包括学习、工作、生活经历,而形成了对世间万物的种种看法。心智模式一旦形成,就会用这个固有的心智模式去看待类似事件、类似人物、类似现象,然后进行认知,作出判断,采取行动,得出结果。所以,心智模式在某种程度上与认知系统一样,决定着我们命运。心智模式改变,命运就会改变。改善心智模式的方法建议如下:

一是系统性修炼。如果没有自我超越的坚定意愿和坚强意志以及方法路径,很难改善心智。改善心智模式,是自我超越的第一个道门槛,第一场战役,也是第一把钥匙。唯有心智模式改善了,生命的整体运行才有可能改善;唯有心智模式升级和质变,生命整体才有可能升级和质变。可是,心智模式的改变本身需要自我超越的支持和推动。

改善心智模式是需要强大动力的,是相当费脑、相当耗能的。依赖现有的心智模式生活、工作和学习，虽然能耗比较低，不太要动脑，但长远来讲肯定要付出很大的代价。而心中有愿，心中有梦，有对与未来的美好憧憬和向往，生命才有力量，才有动能，才愿意走出舒适区，才会挑战自我，开辟出心灵世界的一片新的"蓝海"。

如果没有团队学习的修炼，就如同自己揪着自己的头发想要往上提起来一样，是不可能的。心智模式的改善急需新的、丰富的、多元的数据、信息、资讯、知识，以及思想观点、见解、看法、创意进入到我们的心智系统。而人的心智模式一旦形成，成为我们依赖的路径，极其容易固化、僵化、老化，产生"熵增"而不自知。这个时候往往需要外力，也就是从外部引入新的能量，注入"负熵"，才能保持心智模式与环境和时代的同步。而团队学习的修炼恰恰就是每一个个体的智囊团和"加油站"。

如果没有系统思考的修炼，就看不到更大的整体，看不到更多的联系，也就看不到事物的真相，那么也就将自己框定在现有的世界里，成为井底之蛙。可是，人不是青蛙，更多的人并不满足于做井底之蛙，而要活出更精彩的人生。可是，更精彩的人生意味着更大的舞台，更广阔的空间，也就是更宏大的生命系统，而这就需要我们通过系统思考的修炼，来拓展我们的心智模式。心有多大，你的世界才有多大。

第7章
造"场"——生命型管理的方法和艺术

如果没有知行合一的修炼,通过其他各项修炼产生的新思想、新目标以及新思路、新创意、新方案,都得不到落地,我们仍将一事无成,一无所有,而且心智模式是否真正改变,最终需要实践的检验、行动的测试。切实的、真正的改变,最终都必须体现在行动上,并在实践中继续感受、体悟,以修正、深化、动态调试和维护心智模式,唯其如此,心智模式方能与不断变化的环境相和谐。

二是在理解心智模式运作的基础上学会使用工具。心智模式运作的流程是这样的:当我们观察一个事物时,我们的感知系统就开始工作,一些数据和信息便进入我们的大脑,于是我们就根据这些数据和信息进行研究、分析与综合加工,然后做出判断,得出结论,并根据结论做出反应,采取行动。一般人的心智模式的运作就是如此,流畅而快速。那么,改善这个运作的关键环节在哪里?改善的空间有多大?可以说,改善的空间是巨大的。换句话说,我们的命运可以比想象的要好得多,而心智模式的改善程度最终决定命运改善的程度,最终决定生命系统运行的质量。

心理学家的研究告诉我们:首先,真正进入我们的意识知觉里面的,并不是真实的、反映事物全貌的信息,而是经过了我们自己的心智模式过滤的数据和信息。为什么这么说?因为人的大脑在感知事物的时候实际上是在进行

"选择性感知",也就是说不是所有的数据和信息都"有幸"能够进入我们的大脑,而是只有那些符合我们的信念、渴望、偏好的,我们重视和在意的信息才能进入我们的大脑,那么这些数据和信息还是真实和客观的吗?然而,我们正是依据这些数据和信息做出判断、得出结论、采取行动的。那么,如何改善心智模式而避开现有心智模式的陷阱,进而摆脱它们对于我们命运的绑架呢?这里,提供几条建议如下:

(1)始终保持一种高度"觉察"的状态,并让这种状态成为一种思想习惯。"觉察",才是谦虚谨慎,戒骄戒躁的要义。只有在自我觉察之下,才能保持对现有心智模式的高度警惕,才能对其扬长避短,趋其利而避其害。其利,就是心智模式让我们对于常规、常态性事务的处理流畅、高效;其害,就是在已经变化了的环境和形势下,看似与我们的心智模式相符的事物,实际上已是"时过境迁""物是人非",而我们却"刻舟求剑",自以为是,进而判断失误,酿成错误。高度觉察之下,我们的大脑才能进入"慢思考"状态,用理性代替感觉,用显意识运作代替潜意识运作,多警示自己,多质疑自己,多反思自己,多问几个为什么。

(2)始终让我们的内心处于开放、弹性、可调的状态。熵理论告诉我们:封闭即衰退,封闭即死亡。开放是

第 7 章
造"场"——生命型管理的方法和艺术

生命的王道。只有保持心灵世界、心智模式的开放状态，新的数据、信息、知识、思想，才能带着鲜活的能量进入我们的心智系统，从而产生成新的思想观点、见解，新的智慧，新的行动，开创新的局面。

（3）切实树立民主、包容的作风。只有这样，才能得到足够的改善心智模式的营养，才能得到足够的构筑伟大心智系统的部件，才能够在变幻莫测的当今世界占得先机，决胜千里。

上述品质和能力恰恰是中国的组织管理水平超越西方，引领未来的一个必不可少的条件。

这里简要介绍两个改善心智的工具：

工具一：左手栏和右手栏，右手栏是我们已经说出的部分，左手栏是我们没有说出的部分。之所以没有说出来，往往是由于：怕因为意见不一样，甚至发生观点冲突得罪人，尤其是怕得罪领导；怕意见不成熟、不够高明，说出来没面子；怕人家说自己爱出风头，等等。这个工具就是鼓励大家养成"摊开左手栏"的习惯，这对于一个组织尤为重要。

工具二：主张与探寻的平衡。鲜明、充分地提出主张是非常必要的，基于自己的观察和思考提出自己的主张是个人和团队改善心智模式、产生更高级别智慧的基础。只有更多的人，提出更多的信息、观点和主张，思想的碰撞和交融以及智慧的升华才有可能。如果没有对其他组织成员所提供的信息、观点、见解和主张的探寻、尊重、包容、聆听、分析和吸收，又怎么能够知道自己主张的偏颇甚至谬误之处呢？又怎么能够做到兼听则明，兼收并蓄，甚至让自己和团队的心智模式转型升级呢？

2．系统思考

改善心智模式之后，我们就能够看到事物间更多的联系，并能以更宏观的视角看待事物，而这实际上就是系统思考。

系统思考的关键在于我们是否看到原来没有看到的联系，看到实际上存在而我们原来不知道、不相信、没有发现的联系，例如：内部和外部的联系、上游和下游的联系、前线与后台的联系、短期收益与长期战略投入的联系、局部和全局的联系等。

心有多大，我们的世界才可能有多大，也唯有看到越来越广阔的生命景象，才有可能发现更多的联系，进行更为广泛的系统的思考。

关于系统思考的方法和工具，美国著名管理学大师彼得·圣吉在他的《第五项修炼》中提出的二十多种系统思考方法，值得我们认真研读和实践应用。

3．团队学习

团队学习的基本目标是通过学习获得比团队成员个体

第 7 章
造"场"——生命型管理的方法和艺术

更高层次的智慧和解决问题的方案,从而解决更复杂、更动态、更系统的问题,创造更大的价值。团队学习的主要方法诸如头脑风暴、深度汇谈、大墙会议等,都是围绕这个目标展开的。这些方法的共性就是让更丰富、多元,各不相同甚至相异的观点、见解、看法、创意呈现出来,以供我们达成共识。创意呈现出来,以便大家得到更多的用于思考加工的素材和提出意见和建议的依据,并结合深度的、广泛的、一对一的、个人的种种工具和方法,最后达成更高层次的共识。广义上讲,这个共识包括精神的、情感的、知识的、理论的、路线方针政策的、行动方案方法和举措等各个方面的内容。由此,团队运作的凝聚力、向心力、协同性得以加强,做大事、成大业的能力得以提高。

关于团队学习方式方法的改进,针对目前企业的现状,重点提出以下几点建议:

一是学习制度的建立和有效施行。中国的组织其实有着良好的团队学习的传统,如头脑风暴、深度汇谈这样的传统需要回归到我们当前的现实中来。

二是切实改造会风,提高会议质量。会议是最为基本、最为普遍的团队学习形式。会议开好了,组织内的团队学习就做好了一大半。关于学习和会议的制度要求落到实处,团队学习的质量和效果就将大幅度提高。民营企业的情形也大致如此，民营企业团队学习改善的路径主要有：提高意识，引入方法。

三是借助咨询公司的力量。只有切切实实地创建学习型组织，真正引入学习型组织管理的理念方法和工具，才能系统性地改善团队学习。要做到这一点，就需要借助管理咨询机构的力量。基础好的企业，团队学习的重点是引入方法工具；基础差的企业则不仅仅靠培训听课就能解决问题，应该借助咨询顾问，进行现场咨询辅导。

4．建立共同愿景

共同愿景是什么？共同愿景就是我们共同的心愿，共同的梦想，是我们的共同利益所在，是生成和维系我们共同情感的纽带。为此，团队务必找到共同的愿景。共同愿景层次越高，对于团队成员的凝聚力、号召力自然就越大，但愿景也不是越高大上越好，而是越切合团队的实际越有效。

关于建立共同愿景的方法，有如下建议：

建议一： 建立共同愿景最为重要的做法有广泛征求、全员参与、民主程序集中萃取。这样做以激发大家的参与热情和主人翁意识。心理学家告诉我们：人们都倾向于支持和认同自己参与过的决策和行动。而且，绝大多数领导人都将在上述的流程中获得实实在在的收益，让愿景的表达更加切实有效，更能凝心聚力。

第 7 章
造"场"——生命型管理的方法和艺术

建议二：愿景的表达应尽可能地生动真切、简洁明了、直指人心，具有画面感。

建议三：美好的愿景要付诸行动。所以将愿景贯彻落实到文化建设、教育培训、人才发展、政策制定、战略管理、流程建设，以及体现到员工行为、产品服务之中去，才是建立共同愿景所要达到的目标。

5．自我超越

某种意义上，自我超越才是所有的修炼所要达到的目的，而实现自我超越的过程就是通过修炼促进成长的过程。成长的过程首先是思想资本、精神资本、情感资本、知识资本经营和日渐丰盈的过程，同时也是行为资本、社会资本经营和提升的过程，是生命昂扬向上的旅程。而自我超越的终极目标则是活出生命的意义。因此，经营六大资本的所有路径、方法，其实也都是自我超越的路径和方法。至于那些有助于自我超越的具体做法，则需要根据自身特点选择运用。几点建议如下：

一是制定自我超越的目标。自我超越可以在精神层面，也可以在情感层面、知识层面和行为习惯层面，这些方面的自我超越，可以参照几大资本经营的做法来制定计划和目标。

二是找到自我超越计划相应的标杆作为追赶和超越的目标。比如，待人方面可以以李嘉诚为标杆；读书可以以张瑞敏为标杆；分享方面可以以任正非为标杆；锻炼身体方面可以以王石为标杆；对产品品质的追求可以以乔布斯为标杆。也可以集中以某一个人作为综合性标杆，例如当下最热门的马斯克，也可以以距离我们比较近、容易学的人为标杆。

三是尝试参加一些比较积极、健康的、具有精神修炼作用的活动项目，最好配之以较高质量的授课、互动、静修内容。

四是将自我超越的目标制作成精美的实物，诸如小条幅和相框之类的挂件、饰品，放在自己经常能够看得到的地方，起到经常性的提醒和暗示效果。

五是冥想，每天早上15分钟，至少有让自己静下来的机会，可以减少焦虑和浮躁。

6. 知行合一

知行合一是组织学习和思想资本经营以及思想能力建设的必不可少的修炼。

贯穿前五项修炼，并使得这些修炼能够真正产生实效的一项关键性修炼，就是知行合一。因为只有行才是真正的知，而且只有坚定和持续的行，才能不断检验、修正、沉淀，特别是创造鲜活、有效的知；也才能结出知行合一、知行转化的果实，让生命长青。

对于知行合一的修炼建议如下：

第7章
造"场"——生命型管理的方法和艺术

一是在"知"的问题上,要尽可能地做到透彻。对于知要下足功夫,做足功课,力戒囫囵吞枣、蜻蜓点水、浅尝辄止、似懂非懂等浮躁之风。

二是着力培养知行合一、言行一致、表里如一的组织风气,大力培养和提拔使用那些政策理论水平高、理论联系实际能力强、行动能力突出的干部和员工。把知行合一的情况纳入干部考核的重要内容,坚决树立正确的价值导向。

三是积极树立做事导向,把实际表现和实在业绩作为衡量员工合格和优秀的主要标准,鼓励员工在工作中出力、出活、出彩。

四是培养和建立在行动中反思的制度和习惯。行中知,知中行。真正将博学之,审问之,慎思之,明辨之等有效的学习方法和工具运用于"笃行之"的全程之中。

改善心智模式,既是思想资本的核心,又是六项修炼的逻辑起点。我们将六项修炼与思想资本经营的逻辑梳理表达如下:

作为企业的管理者,首先要认识并看清当前固化的心智模式带来的危害,然后通过心灵的觉察、内省、反思,开放心态,努力使以往的经验归零,并在组织内创造民主、平等、包容、多元的氛围,鼓励员工参与,用心去聆听。这样，越来越多新的数据与信息就会进入管理者的大脑，因此能看到动态的复杂性和隐性的世界，也就看到更多的联系和更大的整体。因此管理者能够进行系统性思考，看到局部与整体、当前与未来的联系，进而与组织中的所有人形成命运共同体，建立起组织的共同愿景。共同愿景使高质量的团队学习有了可能，团队学习能够使员工集思广益、群策群力，达到"一加一大于二"的效果，使组织呈现出更高的智慧。所有这些修炼方法和策略以及修炼所得的成果，一方面必须要在实践行动中自觉地应用并接受检验，一方面要在实践中进一步地感受、体悟而形成新知，从而补充、积累和升华"知"的系统，推动知行合一的良性循环。

这样的循环往复，使得组织能够主动面对并有效解决更多动态复杂的重大问题，成就更大的辉煌，并不断地实现组织与个人的共同成长，实现六大资本的持续经营，实现组织与个人由内而外的自我超越。

"五教"并用——管理就是让一切有利于价值创造的能量涌流

管理的本质就是教育，教育就是人文教化的过程。人文教化有五个方面：言教、身教、制教、境教、心教。我把它们叫作"人文五教"。贯穿在"人文五教"中的管理

第 7 章
造"场"——生命型管理的方法和艺术

者的一言一行、一招一式、一心一念,又带动所有组织成员乃至关乎组织生命系统的每一个人。

一、言教——以言传教的方法和艺术

言教,就是以言传教,通过言论与文字等方式,提出、宣导、传播公司的核心价值以及基于价值观的公司愿景、战略部署、方针政策、制度规章、策略举措等,通过"把话说透",入脑入心,促成价值观外化于行。

言教的形式和方法丰富多样,最基本的是会议讲话、文章发表、谈心谈话和日常言论。言教,要求管理者日常多学习,多读书。

晨会宣导与领导者带头讲课是值得提倡的言教方法。

领导者带头讲课的优秀典型之一就是杰克·韦尔奇,他在通用电气公司做 CEO 时,每隔一周就会去一次克劳顿村(也称克劳顿管理学院,创立于 1956 年,是通用电气的高级管理人员培训中心),亲自为中高层管理者授课。

言教的对象范围应超越公司的"院墙"和"大楼",到客户那里去,到群众当中去,到社会的大学校当中去。将能量散播到全国各地,甚至世界的各个角落。

马云就是一位言教好施者,在各种场合毫无保留地传播自己的价值主张,让自己的理念生根发芽。他曾在清华

大学、北京大学、浙江大学、香港大学、台湾大学、斯坦福大学等多所高校，亚太经合组织峰会、世界互联网大会等众多会议，以及"赢在中国""遇见大咖"等电视节目上发表演讲。

言教工具之一——培训班、学习项目与讲师团建设。培训与学习项目中大量贯穿着言教的形式、方法；讲师团能够迅速、有效地凝聚组织智慧、收集实时信息，并推动知识创造和新知识的有效传播。

言教工具之二——媒体工具。新媒体时代，线上学习、移动学习、微学习已成为流行学习趋势。应顺应时代，通过培训系统、微信群、公众号、企业电视台等方式传播主张，提升影响。

另外，重要场合的重要讲话以及对重要讲话的学习，都是对言教的发扬。

二、身教——以身示教的方法和艺术

言教和身教高度契合、紧密配合，更能凸显其效力。

身教，就是管理者通过知行合一、言行合一、表里如一的实实在在的行为来诠释和解读自己和公司所主张的价值观，以及相应的战略、流程、制度，从而达到以身示教的效果。要求管理者学为人师、行为世范。就是学习方面要成为员工的老师，行为方面要成为组织的典范。可见，

第7章
造"场"——生命型管理的方法和艺术

身教重于言教。

管理者的身教要注意落实以下举措:

第一,充分发挥标杆带动作用,激励下属。一把手带动管理骨干,带动各级管理者,然后带动骨干员工,带动敏感人群,由此树立标杆,让大家能够效仿。

第二,要积极策划直指人心的行动。善做策划,比如针对重要节日、重大事件、纪念日和其他特别的时间节点,做一些适当的策划。这种经营人心的活动策划一定要做到真诚而不造作、不刻意炒作,否则就会适得其反。

第三,在培训到位、"把话说透"的基础上,管理者必须要成为遵守纪律的模范,不仅成为做好事的模范,更要成为不做坏事的模范,真正将制度和规矩做到位,进而培育员工对制度的敬畏之心。

第四,身教的一个核心内容就是善待员工,给员工足够的关爱,然后由内而外,将大爱精神传递到客户、供应商、合作伙伴、社区、社会。正如稻盛和夫所言:管理,就是激发人的善意。让员工真切地感受到爱,被爱感动,被爱滋养,被爱融化,才会滋养其善意、善念和善心。而善,正是高尚精神人格的内核。

第五,找到适合本企业特点的身教方法和工具。

身教案例 德胜董事长洗马桶

德胜从上到下都在践行"诚实、勤劳、有爱心,不走捷径"的价值观,包括德胜的董事长聂圣哲先生。聂圣哲甚至多次为新员工亲身示范如何洗马桶。马桶能洗好,其他事情也能干好。"做事教育"就是这样让人真切地感受到价值观的存在。

有位德胜老员工在日记中这样写道:作为德胜的老员工,我亲身经历了两次这样的事,那种场景真的很震撼人心。两次都是聂总亲自手把手地带新员工洗马桶。他蹲下他那胖乎乎的身体,让大家都站在他边上,要做好记录,要记下他说的每一句话,要记住他所做的每一个环节、每一个动作。聂总一边认真细心地洗着马桶,一边耐心地向大家讲着每一个细节:如哪些地方是最脏的且很容易被忽略的;威猛牌洁厕液应怎样用,用多少最为合适;遇到顽固污渍要用什么洗涤剂;用哪些洗涤剂会对马桶造成伤害……洗完马桶,他又教导大家:其实,不要小看洗马桶,要将一个马桶洗干净可真不是件简单的事,这要大家付出认真、勤劳和爱心。

三、制教——以制导教的方法和艺术

制教,就是"以制导教"。按照价值主张建立系统化、可操作的制度、流程、纪律、规范,使价值主张融于制度并贯彻到底。由于企业的用人和考核制度直接关乎员

第7章
造"场"——生命型管理的方法和艺术

工的核心利益,所以,管理者应特别重视用人与考核两大制度的导向功能,着力体现和践行核心价值主张。企业员工优秀的绩效表现,一是培训出来的,二是考核出来的。在工作过程中就要善于发现问题,捕捉到问题并加以应对:一是及时找到解决和应对的办法;二是进行及时的教育、激励和奖惩。这样就形成一个管理的闭环。

以下是关于制教的两个重要工具:

制教工具之一——分享机制。通过制度建设,在团队内积极构建核心价值观分享、知识分享、利益分享、权利分享、荣誉分享等全方位的分享机制,弘扬分享精神。

制教工具之二——制度体系。制教,要求企业的制度管理要体现价值主张,公正用人,规范授权,并构建分享制度、构建天使激励系统与恶魔防范系统。建立正向激励制度体系,通过正向激励强化员工正向行为。同时建立逆向防范制度体系,建立预防惩戒制度,通过反向激励弱化员工的负面行为。

说到制教工具,需要再次说明一下生命型组织中制度的意义。比利时学者弗雷德里克·莱卢在《重塑组织》一书中提出:"企业组织是个生命系统,也可以叫作进化型组织。"他认为,生命体带着它所有的进化智慧管理着深不可测又妙不可言的生态系统,朝着更加完整、复杂和有意识的方向进化。之于生命型组织或进化型组织,制度设计如果是没有灵魂、笨重而守旧的，组织终将失去未来。生命型组织的核心是尊重生命体运行的原理，处理好与客户、员工、社区、社会等利益相关者之间的关系，实现和谐共赢。基于此，相应的制度设计和流程规划才能实现应有的效果，制教的目的才能最终实现。

海底捞正是基于分享共赢的制度实现企业卓越发展的典范。海底捞创始人张勇是少有的把用户满意当作核心战略和行动战略的管理者之一。张勇对每个店长的考核只有两项指标：一是顾客的满意度，二是员工的工作积极性。通过大力鼓励基层员工创新与改进工作，海底捞成功地使从事餐饮工作的员工不仅带着手，而且带着脑子工作。海底捞的强大就在于企业不是靠个别高管在思考，而是通过机制的设计实现了全员的思考和创新，将集体的智慧最大程度地发挥出来。海底捞高度重视员工创新的结果就是催生了众多独具特色的创新和细小的改进，提升了顾客的用餐体验。对于员工的创新进行及时的正强化，激发了员工的创造热情，保证了员工能够持续进行创新。另一方面，海底捞给予了员工极大的自主权，甚至每位服务员都有免单权。这是对员工的尊重，更是对员工深层次的人文关怀。海底捞极大限度地激活了企业中的个体，将员工个人的能量充分发挥。海底捞对于员工的信任和相应的制度设计，换回的是员工全心全意为企业的发展贡献力量和智慧。

海底捞的成功给了我们两点非常深刻的制教启示：一是成功的制度必须基于人心，把握员工的各种需求和欲望，这是所有激励的基础，不懂人心的管理，都是苍白无力的；二是制度的终极目标是集众人之力、实现共赢，个人的力量终究有限，管理者只有通过制度的设计，努力激发员工、满足员工的需要，企业发展才有力量源泉。

四、境教——以境化教的方法和艺术

境教，就是"以境化教"。通过环境的营造、环境的建设，来达到对人的影响、对人的感染、对人的教化。人们在这个环境中受到熏陶、受到浸润、受到教化。所以，环境的建设也要呼应企业的核心价值。

言教、身教、制教本身，以及彼此的结合，就是境教的基本形式和内容，其本质就是造场。所以，这里所说的境教是相对狭义的。

下面再介绍几个实用的境教工具：

境教工具之一——环境布置。重视环境建设，从办公室的设计风格，再到办公室的一花一草的摆放布置，以及其他公共场所的设计，都应精心展示公司的核心价值观、共同愿景等，让员工情操在充满公司文化的办公环境中受到浸润、陶冶、教化。

境教工具之二——氛围营造。这包括代表组织的歌曲、旗帜的设计和制作，以及具有"仪式感"的活动。适当、精心地策划举办各种演讲比赛、知识竞赛、评选活动，以及文化体育活动；定期组织"家庭关爱日"活动，如员工家属参观公司、座谈会，养成爱司如家的企业文化，等等。

五、心教——以心立教的方法和艺术

心教，就是以心立教。以心立教，心立则灵，心不立则不灵。前四教的内容和形式无论多么丰富多彩，花样翻新，如果管理者自身不能真正理解、领会、深信，那么其施教的效果都是极其有限的，甚至可能带来负作用，因为根本上它们都是套路而已。而只有管理者心中真正认同企业的价值观，才能进行有效的传播和分享，从而激励和引导员工。

心教的方法，简单地讲，就是要求管理者存心要好，发心要正，要求管理者在成为什么样的人、做什么样的企业等这些最基本的问题上去格物致知，诚意正心，精进思考，提升认知。